Flug über Hohenlohe und Tauberfranken

Flug über Hohenlohe und Tauberfranken

Mit Heilbronn und Würzburg

Fotos von Siegfried Geyer
Texte von Carlheinz Gräter
Deutsch – englisch – französisch

A Flight Over Hohenlohe and Tauberfranken

With Heilbronn and Würzburg

Photographs by Siegfried Geyer
Text by Carlheinz Gräter
German—English—French

Survol de la Hohenlohe et Tauberfranken

Avec Heilbronn et Würzburg

Photographies de Siegfried Geyer
Textes de Carlheinz Gräter
En allemand – anglais –français

Silberburg-Verlag

Der frühbarocke Weikersheimer Hofgarten mit dem Ballett seiner Wege, Rabatten, Statuen, Obelisken und Wasserspiele ist ein Sonnenfleck geistdurchdrungener Natur. Johann Christian Lüttich entwarf den Florentempel mit seinen beiden symmetrischen Flügeln. Als geistreichen, fremdartig schönen Bau hat Georg Dehio die Weikersheimer Orangerie charakterisiert.

With its symphony of paths, flower beds, statues, obelisks and playful fountains the early Baroque Weikersheim Castle gardens are a sunny spot imbued with a sense of spirit. Johann Christian Lüttich designed the Florentempel with its two symmetrical wings. Georg Dehio has characterised the Weikersheim Orangery as an ingenious and oddly beautiful building.

Le ballet d'allées, de bordures, de statues, d'obélisques et de fontaines met une animation spirituelle dans le paysage ensoleillé du jardin baroque du château de Weikersheim. Le temple des fleurs de Johann Christian Lüttich est constitué de deux ailes symétriques. Quant à l'orangerie, Georg Dehio l a qualifiée d'édifice de conception ingénieuse, à l'étrange beauté.

Flug über Hohenlohe und Tauberfranken

Diese beiden Kulturlandschaften gehören wie die Großstädte Heilbronn und Würzburg zur historischen Provinz Franken, die sich grob mit dem nach 1500 geschaffenen Fränkischen Reichskreis deckt. Nicht nur das Naturell des Franken, auch seine politische Zuordnung verwirrt. Neben den drei bayerisch-fränkischen Regierungsbezirken gibt es inzwischen auch die Region Heilbronn-Franken im Norden Baden-Württembergs. Sie umfasst die Landkreise Hohenlohe und Hall, den Main-Tauber-Kreis sowie Stadt und Landkreis Heilbronn.

»Das schöne Franken – warum verewigt kein besonderer Bundesstaat diesen schönen Namen«, klagte um 1825 der gebürtige Langenburger Carl Julius Weber. Franken, dieser Herzlandschaft des alten Reiches, blieb ein dauerhaftes Stammesherzogtum ebenso wie ein einigendes Staatsgehäuse versagt. Nach dem Zerfall der Staufermacht gab es hier eine bunte Vielzahl mittlerer, kleiner und kleinster Herrschaften, vom weltlichen Hochstift Würzburg über Reichsstadt und Reichsritterschaft bis hinab zum Reichsdorf.

Mit dem Ende des Reiches, das wider alle machtpolitische Vernunft, in treulicher Rechtswahrung, diese Ordnung gewahrt hatte, rissen Napoleons Rheinbundstaaten Bayern, Baden und Württemberg den Fränkischen Reichskreis an sich. Lange blieben die Namen Franken oder Hohenlohe von den Landkarten verschwunden. Das änderte sich mit dem neuen bürgerlichen Geschichtsbewusstsein. So wurde 1847 der Historische Verein für Württembergisch Franken gegründet.

Der mehrhundertjährigen politischen wie konfessionellen Zersplitterung Frankens, der kulturellen Konkurrenz der Kleindynastien und Herrschaften verdankt diese vielfältig verkammerte Heckenlandschaft aber auch ihre Städtedichte, den Glanz ihrer Residenzen und den farbigen Reichtum der Kunstdenkmäler, wie sie dieser Bildband unbestechlich dokumentiert.

Flight over Hohenlohe and Tauberfranken

As is the case with the cities Heilbronn and Würzburg, the cultural landscapes of both Hohenlohe and Tauberfranken belong to the historical province of Franconia, which roughly corresponds to the Franconian old Reich district, created after 1500. Franconia is not only confusing with regards to the lay of the land; where it lies in political terms is equally so. Besides the three Franconian regions in Bavaria, it now also includes the region of Heilbronn-Franconia in the north of Baden-Württemberg, which comprises of the rural districts of Hohenlohe and Hall, and the Main-Tauber district as well as the township and district of Heilbronn.

"Beautiful Franconia—why is there not one special federal state in Germany to immortalise this fine name", Carl Julius Weber, who was born in Langenburg, complained around 1825. Franconia, whose lands are the very heart of the old German Reich, never had a long-lasting tribal duchy nor did it ever experience unifying rule. After the decline of the Staufer dynasty, there existed here a great variety of medium-sized, small and even smaller rulers, ranging from the secular high seat of Würzburg, to old German Reich towns and territories of the imperial knights and right down to the old Reich villages.

The Reich had maintained this hierarchical order by the loyal safe-guarding of rights, throwing all political good sense to the wind. At the end of the Reich, Napoleon's Rhine Confederation of Bavaria, Baden and Württemberg seized the old Reich district of Franconia. For a long time names like Franconia or Hohenlohe were absent from the map. This changed with the development of a new historical consciousness amongst the people. Thus, in 1847, the Historical Association for Württemberg-Franconia was founded.

This landscape, which is a patchwork due to its many hedges, and its many towns, owes the splendour of its residences and the colourful abundance of artistic monuments to the many centuries of the political as well as confessional fragmentation of Franconia and to the cultural rivalry of the small dynasties and ruling powers there—as this illustrative volume unerringly seeks to document.

Survol du Hohenlohe et de la Franconie de la Tauber

Tout comme les grandes villes d'Heilbronn et de Würzburg, ces deux pays ont une identité culturelle propre et appartiennent à la province historique de Franconie. Cette dernière correspond approximativement au Cercle impérial franconien, créé après 1500. Le caractère du Franconien est aussi changeant que le découpage administratif et politique du pays. Outre les trois régions administratives franconiennes du Land de Bavière, s'ajoute maintenant la région de Heilbronn-Franconie, au nord du Land de Bade-Wurtemberg. Elle comprend les Landkreise de Hohenlohe et de Hall, le Main-Tauber-Kreis ainsi qu'Heilbronn et son Kreis.

Vers 1825, Carl Julius Weber, natif de Langenburg, exprimait ses regrets : « Oh belle Franconie, pourquoi aucun Etat ne porte-t-il ton joli nom afin de le faire passer à la postérité ? » La Franconie – pays au cœur du vieil Empire – n'a jamais eu la chance de bénéficier d'une organisation étatique qui lui aurait permis d'acquérir une identité propre. Après le déclin de la puissance des Staufer, il n'y eut plus qu'un mosaïque de moyennes, petites et toute petites seigneuries, du séculaire Grand-chapitre de Würzburg en passant par la Ville impériale et la Noblesse immédiate, jusqu'au Village impérial. A la fin de l'Empire, qui contre toute raison politique s'en était fidèlement tenu au droit et avait maintenu cet ordre, les états napoléoniens de la Confédération du Rhin (la Bavière, le Bade et le Wurtemberg) s'emparèrent du Cercle impérial franconien. Les noms de Franconie et de Hohenlohe furent alors pour longtemps rayés de la carte. Il fallut un renouveau de la conscience historique bourgeoise pour que cela change et que l'association pour l'histoire de la Franconie du Wurtemberg soit créée en 1847.

Mais le fait que la Franconie ait été morcelée aussi bien politiquement que religieusement durant des siècles, et la concurrence culturelle qui s'est ensuivie entre les petites dynasties, a valu à cette région du vieil empire une richesse que ce livre de photos documente fidèlement: la densité des villes, l'éclat de leurs résidences, et la richesse colorée des monuments artistiques. Un bon exemple des avantages et des inconvénients que l'Histoire peut apporter à la vie d'une région.

Die am 4. Dezember 1944 bei einem britischen Luftangriff völlig zerstörte Altstadt Heilbronns hat beim verkehrsgerechten Wiederaufbau ihre historische Substanz der Reichsstadtära teilweise gewahrt. Das gilt für die spätgotische Stadtkirche Sankt Kilian, das Rathaus rechts dahinter sowie für den Deutschhof, heute Kulturzentrum, mit der Kirche Sankt Peter und Paul, links im Bild.

Having been destroyed completely by a British air raid on 4th December 1944, the centre of Heilbronn has been rebuilt in keeping with modern traffic regulations, however such that it has retained some historical elements from when it was a town of the old German Reich era—for example, the Late Gothic town church Sankt Kilian; behind this, to the right, the town hall; the so-called "Deutschhof", today a cultural centre, and the church Sankt Peter und Paul, to the left of the picture.

La vieille ville d'Heilbronn fut entièrement détruite lors du bombardement par les Britanniques, le 4 décembre 1944. Tout en tenant compte des besoins inhérents à la circulation moderne, les travaux de reconstruction ont préservé une partie du cœur historique de l'ancienne ville impériale : l'église gothique flamboyant Sankt Kilian ; un peu plus haut à droite, l'Hôtel de Ville ; et à gauche, l'église Sankt Peter und Paul du Deutschhof, complexe administratif de l'Ordre Teutonique, aujourd'hui centre culturel.

Die Friedrich-Ebert-Brücke führt vom Hauptbahnhof über den Neckar zur Innenstadt. Der Heilbronner Neckarhafen war bis zum Kanalbau 1821 Endstation der Schifffahrt flussaufwärts.

The Friedrich Ebert Bridge spans the Neckar, leading from the main station to the inner part of town. Until the canal was built in 1821, Heilbronn's Neckarhafen represented the last upstream river port.

Le pont Friedrich-Ebert enjambe le Neckar et relie la gare au centre-ville. Jusqu'à la construction du canal en 1821, le port d'Heilbronn était le terminus côté amont.

Über dem Heilbronner Marktplatz ragt Hans Schweiners skulpturenreicher Renaissanceturm von Sankt Kilian. Renaissance-Gepräge zeigt auch das 1600 vollendete Rathaus mit der astronomischen Kunstuhr von Isaak Habrecht. Am Marktplatzeck steht das so genannte Käthchenhaus mit seinem Renaissance-Erker.

Adorned with many sculptured figures and forms, Hans Schweiner's Renaissance tower belongs to the church of Sankt Kilian that reigns over Heilbronn's market square. Also Renaissance in style is the town hall, which was completed in 1600 and possesses an astronomical clock designed by Isaak Habrecht. At the corner of the market square stands the so-called "Käthchenhaus" with its Renaissance oriel.

Œuvre d'Hans Schweiner, le clocher Renaissance richement sculpté de Sankt Kilian domine la place du Marché d'Heilbronn. L'Hôtel de Ville achevé en 1600 présente aussi un décor Renaissance et abrite l'horloge astronomique d'Isaak Habrecht. Au coin de la place se trouve, la « Käthchenhaus » et son encorbellement Renaissance.

Die Theresienwiese am Neckar ist Heilbronns Festplatz. Seit 1954 wird hier der traditionelle »Heilbronner Herbst« gefeiert. Rechts in der Mitte der General-Wever-Turm, ein Luftschutzbunker aus dem Zweiten Weltkrieg

Heilbronn's festival grounds are situated along the Neckar on the Theresienwiese. The traditional "Heilbronner Herbst" has been celebrated here since 1954. In the middle, to the right, you can see the General Wever Tower, an air raid shelter from the Second World War.

Les fêtes foraines d'Heilbronn ont lieu au bord du Neckar, sur la Theresienwiese. On y célèbre depuis 1954 le traditionnel « Automne d'Heilbronn ». Au centre, à droite, la General-Wever-Turm, un refuge anti-aérien de la 2e Guerre Mondiale

Das kreuzförmig angelegte
Heilbronner Gefängnis

The star-shaped
Heilbronn jail

Les bâtiments en croix de
la prison d'Heilbronn

Trotz leicht rückläufiger Bevölkerungszahl wird im Weichbild der Stadt Heilbronn weiter farbenfroh gebaut.

Despite a slightly diminishing population, colourful construction continues in the outskirts of the town of Heilbronn.

Malgré une légère baisse de population, on continue à construire des maisons multicolores dans le périmètre urbain d'Heilbronn.

Östlich der Heilbronner Innenstadt liegt der Trappensee mit dem gleichnamigen Schlösschen.

To the east of Heilbronn's town centre lies the Trappensee with the little castle of the same name.

À l'est, non loin du centre d'Heilbronn, se trouve le Trappensee avec le petit château du même nom.

Bizarr muten die pantoffelförmig geschwungenen Blumenbeete an. Der Wertwiesen-Park gehört mit Stadtgarten, Altem Friedhof, Pfühlpark und Neckarpromenade zu den grünen Lungenflügeln Heilbronns.

These slipper-shaped, curved flower beds look bizarre. With its municipal gardens, old cemetery, Pfühl Park and Neckar promenade, Wertwiesen Park represents one of the main lungs of Heilbronn.

Ces parterres de fleurs en forme de pantoufles ont un air fantasque. Le Wertwiesen-Park fait partie du poumon vert d'Heilbronn, avec le Stadtgarten, le vieux cimetière, le Pfühlpark et la promenade du Neckar.

Auf 245 Hektar summiert sich das vom Heilbronner Gartenamt gepflegte Freizeitgelände im Grünen mit Brunnen, Wasserbecken zum Schwimmen und Planschen, Spielplätzen, Sportstätten und Liegewiesen.

Amidst greenery, the recreational grounds here contain fountains, swimming and paddling pools, playgrounds, sports facilities and lawns for sunbathing. Covering an area of 245 hectares they are ma ntained by the local authority gardeners.

Les espaces des loisirs, en comptant aussi des fontaines, des bassins de natation et pataugeoires, des aires de je.ux, des terrains de sport et pelouses, sont entretenues par le service des parcs et jardins c'Heilbronn ; ils totalisent une superficie de 245 ha.

In der lössreichen Heilbronner Keuperbucht, im klimatisch milden Unterland, wird neben dem allgegenwärtigen Weinbau auch Tabak gepflanzt und eine fast schon gärtnerisch anmutende Landwirtschaft mit Frühkulturen von Obst und Gemüse betrieben.

The Keuper basin of Heilbronn is rich in loess and lies in the lower regions known as the Unterland, where the climate is mild. Here, in addition to winegrowing which is present everywhere, tobacco is also grown as well as early cultures of fruit and vegetables—agriculture almost reminiscent of home gardening.

Près d'Heilbronn, dans le bassin du Keuper, la vigne est partout. Mais dans ces riches terre de lœss au doux climat, on pratique aussi la culture du tabac et le maraîchage (cultures hâtives de fruits et légumes).

Das Heilbronner Industriegebiet erstreckt sich bis an die Neckarsulmer Gemarkungsgrenze. Herzstück ist der Neckarhafen mit acht Kilometern Uferlänge. Wichtigster Kunde sind die Südwestdeutschen Salzwerke, die in gut 200 Meter Tiefe bei Heilbronn und Bad Friedrichshall Steinsalz fördern.

The Heilbronn industrial area extends right up to the borders of Neckarsulm. At its heart lies the river port, a stretch of eight kilometres along the bank of the Neckar. Its most important customer is the Southwest German Salt Works, which mines mineral salt from a depth of a good 200 metres in the area near Heilbronn and Bad Friedrichshall.

La zone industrielle d'Heilbronn s'étend jusqu'aux limites du territoire de Neckarsulm. Le port fluvial du Neckar et ses 8 kilomètres de berges en sont le cœur. Les Südwestdeutsche Salzwerke, qui extraient du sel gemme à 200 mètres de profondeur près d'Heilbronn et de Bad Reichenhall, sont leur client le plus important.

Schienennetz und Wasserstraße, dicht bebaute Stadtviertel und beschauliche Schrebergärten vereinen sich bei diesem Heilbronner Prospekt.

Railway network and waterway, densely packed townscape and contemplative allotments all unite in this view of Heilbronn.

Réseau ferroviaire et voie navigable, quartiers denses et jardins ouvriers paisibles se marient bien dans cette vue d'Heilbronn.

Das vom Deutschen Orden erbaute Schloss in Neckarsulm beherbergt das Deutsche Zweirad-Museum. Die 1873 gegründete Firma mit dem Kürzel NSU, abgeleitet vom Namen der heutigen Großen Kreisstadt, stand in den 1950er-Jahren für den weltweit größten Motorradproduzenten.

The castle in Neckarsulm was built by the German Order; today it accommodates the German Museum of Two-wheeled Vehicles. Founded in 1873, the NSU Company, the name of which derives from that of the present-day main district town, was the world's biggest motorcycle manufacturers in the 1950s.

Le château de Neckarsulm édifié par l'Ordre Teutonique abrite le Musée des deux-roues. Fondée en 1873, la NSU – entreprise dont le sigle est dérivé du nom de la ville – était dans les années 50 le plus grand fabricant de motos du monde.

Das Audi-Werk Neckarsulm gilt als der größte Arbeitgeber der Region. Aus einem Umkreis von 50 Kilometern pendeln die hier Beschäftigten ein.

The Audi works at Neckarsulm are considered to be the largest employers in the region. Employees commute to work from a radius of up to 50 kilometres.

L'usine Audi de Neckarsulm est l'employeur le plus important de la région et ses salariés viennent de 50 kilomètres alentour.

Glanzstück der Freizeitlandschaft im Unterland ist das aus der Vogelschau futuristisch anmutende »Aquatoll«.

A bird's-eye view of the futuristic "Aquatoll"—prize piece of the recreational landscape in the Unterland

Point fort de la zone de loisirs dans le bas-pays, « l'Aquatoll » vu d'en haut a un air très futuriste.

Jedem Autofahrer ist das Weinsberger Kreuz ein Begriff. Hier schneiden sich die Bundesautobahnen Mannheim–Heilbronn–Nürnberg und Würzburg–Heilbronn–Stuttgart.

Every motorist knows the Weinsberg junction. This is where the motorways Mannheim–Heilbronn–Nuremberg and Würzburg–Heilbronn–Stuttgart intersect.

Tous les automobilistes connaissent l'échangeur Weinsberger Kreuz. C'est ici que se croisent les autoroutes Mannheim-Heilbronn-Nürnberg et Würzburg–Heilbronn–Stuttgart.

Wie von Töpferhand geformt liegt der Keuperkegel mit der Burgruine Weibertreu im milden Herbstlicht.

As if formed by a potter's hand, the Keuper cone stands with its Weibertreu castle ruins, bathed in the gentle light of autumn.

La ruine du château de Weibertreu baigne dans la douce lumière automnale sur ce cône de keuper digne de l'œuvre d'un potier.

Zwischen Löwenstein und Affaltrach lockt der Breitenauer See, mit seinen 40 Hektar Wasserfläche der größte Badesee der Region.

Located between Löwenstein and Affaltrach, Breitenau Lake is a visitors' attraction. Covering an area of 40 hectares, it is the largest of its kind in the region.

Entre Löwenstein et Affaltrach, le Breitenauer See est le plus grand lac de la région ouvert à la baignade (40 ha).

Südöstlich von Weinsberg liegt der Weinort Lehrensteinsfeld. Die Herren von Gemmingen erbauten hier im 16. Jahrhundert das später erneuerte Schloss mit seinen Wirtschaftsbauten.

To the southeast of Weinsberg lies the wine village of Lehrensteinsfeld. Here, in the 16th century, the lords of Gemmingen built a castle including buildings for agricultural purposes which was later to undergo renovation.

Le village viticole de Lehrensteinsfeld se trouve au sud-est du Weinsberg. Au 16e siècle, les seigneurs de Gemmingen y érigèrent un château entouré de communs, rénové depuis.

Wir sind neugierig ...

... was Sie von dem Buch halten, dem Sie diese Karte entnommen haben.

Titel des Buches:

Wie wurden Sie auf dieses Buch aufmerksam?

Bitte schreiben Sie uns ganz offen Ihre Meinung! Sie ist wichtig für unsere weitere Verlagsarbeit.

Im Silberburg-Verlag erscheint »***Schönes Schwaben***« – die farbige Monatszeitschrift zu Kultur, Geschichte, Landeskunde. Informativ und unterhaltsam, aktuell und zeitlos. Mit traumhaft schönen Fotos und interessanten Artikeln von kompetenten Autoren. Das Magazin, in dem auch die schwäbische Mundart gepflegt wird. Sollen wir Ihnen ein kostenloses Probeheft senden?

☐ Ja ☐ Nein

Der Silberburg-Verlag hat sich auf Themen aus Baden-Württemberg spezialisiert. Haben Sie dazu Vorschläge, zum Beispiel zu neuen Büchern?

... Sie auch?

Dann tragen Sie bitte umseitig Ihre Anschrift ein. Sie erhalten fortan regelmäßig Prospekte und Informationen über unsere neuen Bücher.

Absender (bitte gut lesbar schreiben!):

Name

Straße

PLZ, Ort

Beruf Alter

Für Silberburg-Bücher interessiert sich auch:

Bitte als
Postkarte
frankieren

Postkarte – Antwort

Silberburg-Verlag
Titus Häussermann GmbH
Schönbuchstraße 48

D-72074 Tübingen

Das Städtchen Löwenstein auf seinem Bergsporn wuchs im Schatten einer mächtigen Burg auf, von der neben dem mächtigen Luginsland nur spärliche Reste geblieben sind.

The little town of Löwenstein, situated on a mountain spur beside the great powerful Luginsland, grew in the shadow of a mighty stronghold, of which only scanty ruins remain.

Sur son éperon rocheux, la petite ville de Löwenstein s'est développée à l'ombre d'une forteresse imposante dont il ne reste presque rien si ce n'est l'énorme tour de guet, Luginsland.

Die Öhringer Börde im Süden Hohenlohes mit ihren Keuperhügeln stellt ein Weinrevier für sich dar. Die rebflurbereinigten Weinberge mit ihren festen Wirtschaftswegen laden gelegentlich auch zu erholsamer Freizeit ein, wie hier bei Pfedelbach.

With its Keuper hills the Öhringen Börde in the southern part of Hohenlohe represents a winegrowing region in itself. And just occasionally the reallocated vineyards with their paved paths beckon you come and relax in your free time—here, near Pfedelbach.

Au sud du Hohenlohe, l'Öhringer Börde avec ses collines de keuper forme un terroir. Le vignoble a été remembré et ses chemins agricoles stabilisés invitent occasionnellement à la détente, comme ici prés de Pfedelbach.

Herzfleck der ehemaligen Residenzstadt Öhringen ist der Marktplatz mit der gotischen Stiftskirche und dem zum Rathaus umfunktionierten Schloss derer von Hohenlohe. Links im Hintergrund öffnet sich der schattiggrüne Hofgarten.

Heart of the former residence town of Öhringen is the market square with its Gothic collegiate church and the castle that belonged to Hohenlohe line and was later transformed into the town hall. To the left in the background, the shady green courtyard garden opens out.

La place du Marché avec l'église collégiale gothique et le château des princes d'Hohenlohe – aujourd'hui transformé en Hôtel de Ville – est le cœur de l'ancienne ville-résidence d'Öhringen. A l'arrière-plan à gauche, le jardin du château offre ombre et verdure.

Nestartig wirkt die Öhringer Altstadt im breiten Rahmen ihrer Neubauviertel und Gewerbebauten. Vom Schloss in der Bildmitte erstreckt sich der Hofgarten bis zu dem Flüsschen Ohrn. Der helle Bau links am Parkrand wurde als Hoftheater der Fürstenresidenz errichtet.

The old part of Öhringen resembles a nest within the wide framework of its most recent housing area and its business buildings. The court gardens extend from the castle, in the middle of the picture, to the little river known as the Ohrn. The light-coloured building to the left edge of the park was built as the court theatre for the princely residence.

La vieille ville d'Öhringen tel un nid dont le large bord serait fait de cités modernes et de zones industrielles. Le parc du château s'étend de la résidence - au centre de la photo - jusqu'à une petite rivière, l'Ohrn. Le bâtiment clair, à gauche sur le bord du parc, était le théâtre de la cour.

Das ehemalige barocke Jagdschloss Friedrichsruhe bei Öhringen ist seit Jahrzehnten schon Wallfahrtsziel der Feinschmecker. Zu dem von Lothar Eiermann geführten Wald- und Schlosshotel gehört auch ein 18-Loch-Platz für Golfer.

For decades now, the former Baroque hunting lodge Friedrichsruhe near Öhringen has been a kind of gourmets' place of pilgrimage. Set amongst the woods, this castle hotel is run by Lothar Eiermann and also possesses an 18-hole golf course.

Près d'Öhringen, Friedrichsruhe, un ancien château de chasse style baroque, est un lieu de pèlerinage pour les gourmets depuis des décennies. Tenu par Lothar Eiermann, cette auberge-château dans la forêt possède un terrain de golf 18 trous.

Das ehemalige Renaissance-Wasserschloss in Pfedelbach, später barock umgebaut, beherbergt nach langwieriger Sanierung das Rathaus sowie Wohnungen und Praxen.

Surrounded by moats and formerly a Renaissance castle, later Baroque, it now accommodates the Pfedelbach town hall as well as flats and practices after protracted reconstruction work.

Autrefois entouré d'eau, le château Renaissance de Pfedelbach a été transformé dans le style baroque. Après une longue période de restauration, on y a aménagé l'Hôtel de Ville, des appartements et des cabinets médicaux.

Südlich von Pfedelbach liegt der Weiler Buchhorn. Hier hat sich rund um den See ein Naherholungsgebiet mit drei Campingplätzen aufgetan. In strengen Wintern drehen hier die Schlittschuhläufer ihre Schleifen.

To the south of Pfedelbach lies the hamlet of Buchhorn. Around the lake a local recreational area has gradually arisen with three camping sites. When there is a harsh winter, skaters can enjoy swirling on the ice here.

Le hameau de Buchhorn est situé au sud de Pfedelbach. Autour du lac s'est créée une zone de loisirs comptant trois campings. Lorsque l'hiver est rude, on peut y suivre les évolutions des patineurs.

Feurigrot, schneeweiß, rosafarben und cremegelb leuchten die Rosenzeilen einer Baumschule unweit des ehemaligen Residenzstädtchens Neuenstein.

Fiery red, snow white, shades of pink and creamy yellow are the bright hues of the rows of roses at this tree nursery not far from the former little residence town of Neuenstein.

Non loin de l'ancienne ville-résidence de Neuenstein, les éclatantes rangées de roses d'une pépinière : rouge feu, blanches comme la neige, roses, et jaune crémeux.

»In jedem Neschd a Schloss«, heißt es im Hohenlohischen selbstbewusst. Das ehemalige Wasserschloss in Neuenstein birgt das Museum der Kunstlandschaft und Dynastie Hohenlohe. Den eher schlichten Bau der Renaissance hat der Burgenschwärmer Bodo Ebhardt ab 1905 mit viel Phantasie aufgestockt und üppig umgebaut.

"Every little country village has its castle", as the people of Hohenlohe say with self confidence. The old castle surrounded by moats in Neuenstein now houses the Museum of Cultural Landscape and Hohenlohe Dynasty. From 1905 onwards Bodo Ebhardt, who was a great lover of castles, employed a good deal of fantasy in his elaborate reconstruction work on this rather plain Renaissance building, making it higher and grander.

« A chaque patelin son château », dit-on fièrement dans le Hohenlohe. L'ancien château à douves d'eau de Neuenstein abrite le Musée du pays d'art et de la dynastie du Hohenlohe. A partir de 1905, Bodo Ebhardt, un passionné de châteaux, a transformé avec beaucoup d'imagination un édifice Renaissance plutôt sobre en y ajoutant des étages et des décors.

Trotz der Zerstörung in den letzten Kriegstagen 1945 hat das Bergstädtchen Waldenburg seine einprägsame Silhouette gewahrt. Eine Vorburg sicherte zusammen mit dem vierschrötigen, 33 Meter hohen Lachnersturm den Eingang. Die Bürgerhäuser scharen sich um die Kirche. Dahinter das Schloss der Linie Hohenlohe-Waldenburg.

Despite the destruction caused during the last days of the war in 1945, the little mountain town of Waldenburg has retained its striking silhouette. A barbican secured the entrance together with the burly 33-metre-high Lachner's Tower. The town houses are gathered around the church. Behind this lies the castle belonging to the line of Hohenlohe-Waldenburg.

Malgré les dégâts subis en 1945, les derniers jours de guerre, la petite ville de montagne de Waldenburg a conservé sa silhouette caractéristique. Une forteresse avancée et une tour massive de 33 mètres en défendaient l'entrée. Les maisons se regroupent autour de l'église. Derrière se trouve le château de la lignée des Hohenlohe-Waldenburg.

Schon bleicht das frisch gemähte Grün, irgendwo im Hohenlohischen. Das Hohenloher Land ist eine Symphonie in Grün. Auf der weithin ausstreichenden Ebene wechseln Waldblöcke mit Ackerbreiten, Wiesen und Viehkoppeln.

Freshly mowed green, already bleached, somewhere in Hohenlohe. The lands of Hohenlohe are a symphony in green. On the wide open plains, here, great stretches of woodlands alternate with big patches of cultivated fields, meadows and enclosed pasture land.

L'herbe verte fraîchement coupée commence déjà à pâlir dans un coin du Hohenlohe. La campagne du Hohenlohe est une symphonie de verts. Sur la plaine qui s'étend à perte de vue alternent les forêts, les champs cultivés, les prairies et les pâturages.

Das Freilichtmuseum Wackershofen auf der Haller Ebene spricht für die enge Verbundenheit der alten Reichsstadt Hall am Kocher mit ihrem bäuerlichen Umland. Aus zahlreichen Dörfern hat man 54 charakteristische Bauwerke hierher transloziert.

The open-air museum of Wackershofen on the Hall plains is evidence of the interdependence of the old German Reich town of Hall, which is situated on the Kocher, with its agricultural surroundings. The museum exhibits 54 characteristic buildings that have been transferred intact from numerous villages in the region.

Sur le plateau de Hall, le Musée de plein air de Wackershofen montre le lien étroit qu'entretient l'ancienne ville impériale de Hall am Kocher avec la campagne environnante. On y a transplanté 54 habitations caractéristiques provenant de nombreux villages alentour.

Über dem Kocher ragt das steingesockelte Gaildorfer Fachwerkschloss empor. Die spätgotische Stadtkirche brannte 1868 aus und wurde 1945 teilweise zerstört. Heute ist in dem fachwerkbunten Schenkenschloss die Stadtverwaltung zuhaus.

On a socle of rock the Gaildorf half-timbered castle rises high over the Kocher. The Late Gothic town church was partly destroyed in a fire in 1945. Nowadays the local authorities have their offices in this colourful half-timbered castle, owned by the Schenk family.

A Gailsdorf, le château à pan de bois construit sur un socle en pierre s'élance au dessus du Kocher. L'église paroissiale gothique flamboyant qui avait brûlé en 1868, fut partiellement détruite en 1945. Aujourd'hui, le château de l'Echanson à la façade bigarrée abrite l'administration communale.

Auf einem ehemaligen Umlaufberg im Kochertal erhebt sich die kronengleich hochgemauerte Komburg. Der 47 Meter hohe Westturm gehört noch der Gründungszeit um 1080 an. 1715 hatte der Würzburger Baumeister Joseph Greising den barocken Neubau des Münsters vollendet.

The high-walled Komburg reigns like a crown set upon an old cut-off meander spur in the Kocher Valley. The 47-metre-high West Tower dates back to when it was founded, around 1080. In 1715, the Würzburg architect Joseph Greising completed the reconstruction of the monastic church in the Baroque style.

Dans la vallée du Kocher, la forteresse de Komburg se dresse comme une couronne sur une colline autrefois contournée par la rivière. Construite aux alentours de 1080, la tour-ouest (47 m) est d'origine. L'architecte de Würzburg, Joseph Greising, a terminé la reconstruction de l'église baroque en 1715.

Acht Jahrhunderte haben am
Bild der Komburg geformt; unserer Zeit bleibt das
Bewahren.

Eight centuries have gone into
the shaping of the Komburg; it is for us now to
maintain it.

Huit siècles d'histoire ont
façonné la Komburg, à nous de savoir préserver ce
patrimoine.

Die rechtsufrige Altstadt von Schwäbisch Hall am Kocher: links unten der massige Bau des Büchsenhauses, Zeughaus und Fruchtkasten in einem. Zentral wacht Sankt Michael; gegenüber das barocke Rathaus der Reichsstadt. Bemerkenswerte Bauten des 21. Jahrhunderts sind das hölzerne Rund des Globe-Theaters links auf dem Unterwöhrd und die Kunsthalle Würth in der Katharinenvorstadt rechts darüber.

Halls old part of town lies on the right bank of the Kocher. To the left, below, is the massive building of the armoury and granary, all in one. In the centre guards Sankt Michael; opposite to it stands the old Reich towns's Baroque town hall. Remarkable buildings of the 21st century are the wooden circle of the Globe Theatre to the left on Unterwöhrd Island and the Kunsthalle Würth in the Katharinen suburb above, on the right.

Grâce au béton armé et au béton précontraint, les silhouettes massives des constructions en pierre taillée d'autrefois sont de plus en plus élancées et audacieuses. Le pont de l'autoroute Heilbronn-Nürnberg (Kochertalbrücke près de Braunsbach-Geislingen) en est un bon exemple. Long de 1128 mètres, il est soutenu par des piliers atteignant jusqu'à 178 mètres de haut.

Weiße Zelte, hölzerner Wachtturm, Lagerkreuz und Feuerstätte neben dem Fußballplatz bei Braunsbach am Kocher

White tents, a wooden watchtower, a cross and fireplace close to the football field on the Kocher, near Braunsbach

Des tentes blanches, une tour de guet en bois, une croix et des foyers près du stade de football de Braunsbach am Kocher

Hohenlohe war und ist bekannt für seine Viehzucht. Ende des 18. Jahrhunderts wurden seine Mastochsen bis nach Straßburg und Metz getrieben. Selbst in Paris war das »Bœuf de Hohenlohe« ein kulinarischer Begriff.

Hohenlohe was and still is well known for cattle breeding. At the end of the 18th century, its fattened oxen were driven as far as Strasbourg and Metz. Even in Paris the "Bœuf de Hohenlohe" was a familiar culinary term.

Le Hohenlohe a toujours été réputé pour ses élevages. A la fin du 18e siècle, ses bœufs engraissés étaient menés jusqu'à Strasbourg et Metz. Et même à Paris, le « Bœuf de Hohenlohe » était bien connu des gourmets.

Das Schloss der Freiherrn von Crailsheim und die Bonifatiuskirche mit romanischem Chor fügen sich in Braunsbach zu einem einprägsamen Blickfang.

In Braunsbach, the castle of the barons of Crailsheim and the Bonifatiuskirche with its Romanesque quire together form a striking combination.

Le château des barons de Crailsheim et l'église Bonifatiuskirche au chœur roman forment un bel ensemble qui reste gravé dans les mémoires.

Als behäbiger dreiflügeliger Barockbau präsentiert sich das Schloss in Kupferzell, ab 1720 von der Linie Hohenlohe-Waldenburg-Schillingsfürst errichtet. Heute wirkt dort eine Akademie für Landbau und Hauswirtschaft.

Built after 1720 by the Hohenlohe-Waldenburg-Schillingsfürst line, the castle in Kupferzell presents itself as a portly, three-winged Baroque construction. Today it accommodates an academy of agriculture and domestic science.

Le château de Kupferzell fut édifié à partir de 1720 par la lignée des Hohenlohe-Waldenburg-Schillingsfürst. C'est un lourd édifice baroque à trois ailes qui abrite désormais l'Académie de l'agriculture et de l'économie familiale.

Über dem Dorf Kocherstetten wuchtet Schloss Stetten, seit 1166 von der gleichnamigen Adelsfamilie bewohnt, nie erobert, nie zerstört. Der Bergfried und die drei Meter dicke Schildmauer stammen noch aus der Stauferzeit.

From above the Stetten Castle bears down on the village of Kocherstetten. Since 1166, it has been the home of an aristocratic family of the same name, never having been conquered, or destroyed. Its donjon and the three-metre-thick defence wall date back to the days of the Staufer.

Habité depuis 1166 par une famille noble du même nom, le château-fort de Stetten en impose au village de Kocherstetten. Il ne fut jamais conquis et jamais détruit. Le donjon et le mur bouclier de 3 mètres d'épaisseur remontent au temps des Staufer.

Seit 1973 ist Künzelsau am Kocher die Kapitale des Hohenlohekreises. Die Wappentafel am alten Rathaus, links mit Dachreiter, erinnert an die Herrschaften, die den Ort einst gemeinsam verwalteten. Die Pfarrkirche Sankt Johannes birgt Werke der heimischen Künstlerfamilie Sommer.

Künzelsau, situated on the Kocher, has been the capital of the Hohenlohe district since 1973. The coat of arms plaque in the old town hall, visible with its ridge turret to the left, is a reminder of the rulers who once governed here together. The parish church of Sankt Johannes contains the works of the local artist family Sommer.

Depuis 1973, Künzelsau am Kocher est le chef-lieu du Hohenlohe-Kreis. L'écusson de l'ancien Hôtel de Ville (à gauche avec le lanterneau) rappelle les seigneurs qui régnaient autrefois conjointement sur ce lieu. L'église paroissiale Sankt Johannes abrite des œuvres d'une famille d'artistes de la région, les Sommer.

Auf der Hochebene überm Kocher liegt der Künzelsauer Teilort Gaisbach, wo sich etliche Firmen von Weltrang angesiedelt haben. Das postmoderne Gebäude des Museums Würth liegt mitten im Beriebsgelände der namensgleichen Firma.

On the high plains above the Kocher lies Gaisbach, a village incorporated into Künzelsau, where companies of world standing have established themselves. The post-modern building of the Würth Museum lies right in the middle of the premises of a company of the same name.

Sur le plateau au dessus du Kocher, Gaisbach, commune associée de Künzelsau, où se sont établies de nombreuses entreprises de renommée mondiale. Le bâtiment postmoderne du Musée de Würth se trouve sur le site de l'entreprise du même nom.

Auf gut einem Kilometer Länge verbindet eine Bergbahn die Künzelsauer Innenstadt mit dem Neubaugebiet Taläcker. Die elektrobetriebene Standseilbahn wurde 1999 errichtet. Rechts im Bild: die neuromanische Josephskirche, 1912 in aufwändiger Quadertechnik errichtet.

A mountain railway runs for a good kilometre between Künzelsau's town centre and the new housing area of Taläcker. Built in 1999, this funicular railway operates with electricity. To the right in the picture: the neo-Romanesque Josephskirche, built in 1912 using elaborate ashlar facing.

Installé en 1999, un funiculaire électrique d'un bon kilomètre relie le centre ville de Künzelsau au quartier neuf de Taläcker. A droite sur la photo : la Josephskirche néo-romane, construite en 1912 avec de coûteuses pierres de taille.

Künzelsau ist gemessen an anderen Städten Hohenlohes arm an historischen Bauten, dafür Kreiskapitale und stark industriell geprägt. Rechts unten bauten die Hohenlohe als Künzelsauer Ganerben um 1680 ein Schloss, das lange Lehrerseminar war und jetzt als Aufbaugymnasium dient.

In comparison to other Hohenlohe towns, Künzelsau cannot boast of many historical buildings, but for that it is the district capital and important for industry. In the bottom right of the picture stands a castle that was built around 1680 by the Hohenlohe line as common inheritors of the Künzelsau. For years it served as a teacher training college; today it is a grammar school.

Comparé à d'autres villes du Hohenlohe, le très industrialisé chef-lieu du Kreis, Künzelsau, est pauvre en monuments historiques. Héritiers en main commune, les Hohenlohe firent construire un château en 1680 (en bas à droite). Il fut longtemps établissement de formation pour les enseignants, mais c'est maintenant un lycée spécialisé.

Mit Ingelfingen beginnt das vielgerühmte südlich exponierte »Weingebürg« am mittleren Kocher. Am Weinbaulehrpfad über dem liebenswürdigen ehemaligen Residenzstädtchen wartet das originelle Ingelfinger Fass auf durstige Wanderer.

Ingelfingen is the starting point of the oft praised, south-facing "wine mountains" near the mid-section of the Kocher. A highly original Ingelfingen wine cask awaits thirsty hikers on the trail above this agreeable little former residence town.

C'est à Ingelfingen que commencent les célèbres « coteaux de vignobles » du Kocher central, exposés au sud. Sur les hauteurs de cette ancienne petite ville-résidence si charmante, le pittoresque « Fût d'Ingelfingen » attend le randonneur assoiffé qui emprunte le sentier didactique de la viticulture.

Wie Hall am oberen, so verdankt Niedernhall am unteren Kocher seinen Namen dem Salz, einer Saline. Auf 700 Metern hat man hier die Stadtmauer samt Wehrgang renoviert.

Just like Hall on the river's upper course, Niedernhall on the lower Kocher owes its name to salt, that is, to the salt-works here. A 700-metre stretch of the town's defensive wall has undergone restoration here.

Tout comme Hall, situé en amont, Niedernhall au bord du Kocher inférieur doit son nom au sel d'une saunerie. Le mur d'enceinte a été rénové sur une longueur de 700 mètres, chemin de ronde compris.

Hermersberg im einst wildreichen Ohrnwald gilt als das älteste Renaissanceschlösschen im Hohenlohischen. 1971 erwarb ein kunstsinniger Mäzen das völlig verwahrloste Anwesen. Erst sollte dort ein Waldhotel erstehen, dann nahm der Hausherr Hermersberg selbst als Wohnsitz im Grünen.

Set in the Ohrn woods, which was once abundant with game, Hermersberg is regarded as the oldest little Renaissance castle in the Hohenlohe region. A Maecenas, who was particularly inspired by art, purchased this completely neglected property in 1971. The owner initially intended to convert it into a woodland hotel, but then decided to make his home here, amidst the green landscape.

Dans une forêt autrefois giboyeuse (Ohrnwald), Hermersberg est connu comme le plus vieux château Renaissance du Hohenlohe. En 1971, un mécène amateur d'art acquit la propriété complètement abandonnée avec l'intention d'y faire un hôtel dans la forêt. Mais finalement, il se fit installer une résidence de campagne.

Wiedererstanden sind auch der ehemalige Fischteich und der altfränkisch angelegte Nutzgarten in Hermersberg.

The old fish pond and the kitchen garden, arranged in old Franconian style, have also been brought to life again in Hermersberg.

A Hermersberg, l'ancien vivier de poissons et le potager francique sont des reconstitutions de l'époque.

Im Rathaus von Forchtenberg, Bildmitte, kam 1921 Sophie Scholl als Tochter des damaligen Bürgermeisters zur Welt. Mit der Widerstandsgruppe »Weiße Rose« kämpfte sie gegen die Nazis.

Sophie Scholl, who was the mayor's daughter, was born here in the town hall of Forchtenberg in 1921. She fought against the Nazis with the resistance group "White Rose".

En 1921 naissait, dans l'Hôtel de Ville de Forchtenberg situé au centre de la photo, Sophie Scholl, la fille du maire de l'époque. Elle a combattu les Nazis avec le groupe de résistance de la „Rose Blanche".

1974 vereinigten sich Gochsen und Kochersteinsfeld zur neuen Gemeinde Hardthausen am Kocher. Namensgebend war der nördlich gelegene Harthäuser Wald, der sich bis zum Jagsttal erstreckt. Der im Bild dokumentierte Holzreichtum dieses Waldes gründet vor allem auf dem hohen Anteil von Rotbuche und Eiche.

In 1974, Gochsen and Kochersteinsfeld united to form the new community of Hardthausen. It took its name from the nearby woods, known as Harthäuser Wald, which lie to the north and extend as far as the Jagst Valley. The abundance of the woodlands that you can see in the picture here arises from its high proportion of red beech and oak trees.

En 1974, Gochsen et Kochersteinsfeld se fondirent en une seule commune, Hardthausen am Kocher. Le nom vient de la forêt de Harthaus qui se trouve au nord et s'étend jusqu'à la vallée de la Jagst. Comme on peut le constater, cette forêt fournit beaucoup de bois, en majorité du hêtre rouge et du chêne.

Neuenstadt am Kocher war von 1618 bis 1781 Residenz einer Nebenlinie des Herzoghauses Württemberg. Das Städtchen wurde im April 1945 zu vier Fünfteln zerstört. Sein älterer Name Neuenstadt an der Linde geht auf die damals ebenfalls ruinierte uralte Gerichtslinde vor dem oberen Torturm zurück.

From 1618 to 1781, Neuenstadt am Kocher was the residence of a branch of the dukes of Württemberg. Four fifths of the little town were destroyed in April 1945. Its older name, Neuenstadt an der Linde, was derived from the ancient lime-tree that once stood in front of the upper gate-tower, where council was held.

Neuenstadt am Kocher, résidence d'une lignée secondaire de la maison ducale des Wurtemberg de 1618 à 1781, fut détruite aux quatre cinquièmes en avril 1945. Son ancien nom, Neuenstadt an der Linde, vient du tilleul séculaire sous lequel on rendait la justice, près de la haute porte fortifiée. Il fut lui aussi détruit en 1945.

Der Neuenstädter Teilort Bürg hat seinen Namen von dem hochragenden Steinhaus der Spätgotik, das in der Renaissance seine charakteristischen Staffelgiebel erhielt.

Now a part of Neuenstadt, Bürg was named after the towering Late Gothic stone building here, which gained its characteristic step-like gable during the period of the Renaissance.

Bürg, commune associée de Neuenstadt, doit son nom à cette haute maison en pierre du gothique tardif, parée à la Renaissance ses caractéristiques pignons à gradins.

Seit der Gemeindereform gehört auch Stein am Kocher zu Neuenstadt. Seit seiner Erbauung um 1580 schirmen Wassergräben das schmuckarme wuchtige Schloss Presteneck ab.

Since the local government reform Stein am Kocher has also belonged to Neuenstadt. Moats have defended the plain but powerful Presteneck Castle since it was built around 1580.

Depuis la réforme communale, Stein am Kocher aussi fait partie de Neuenstadt. Construit en 1580, le sobre et massif château de Presteneck est protégé par des douves.

Aus den drei Orten Jagstfeld, Kochendorf und Hagenbach entstand 1935 die später zur Stadt erhobene Gemeinde Bad Friedrichshall. Das von König Friedrich 1820 gegründete Salzbergwerk, zu dem dann noch ein Solbad kam, schloss sich 1971 mit dem Salzwerk Heilbronn zusammen.

In 1935, Jagstfeld, Kochendorf and Hagenbach joined up to form the community of Bad Friedrichshall, which was later given the status of a town. The salt mine that was opened by King Friedrich in 1820 and later gained a salt-water bath, amalgamated with the Heilbronn salt-works in 1971.

Jagstfeld, Kochendorf et Hagenbach formèrent en 1935 la commune de Bad Friedrichshall, élevée plus tard au rang de ville. La mine de sel, créée par le roi Frédéric en 1820 et le bain d'eau saline qui s'y ajouta furent regroupés avec la mine de sel d'Heilbronn en 1971.

1921 begann der Ausbau des Neckars zur Großschifffahrtsstraße. 1935 war die 112 Kilometer lange erste Etappe von Mannheim bis Heilbronn vollendet.

In 1921, work was begun on the Neckar in order to make it navigable for big ships. The first, 112-kilometre-long stage from Mannheim to Heilbronn was completed in 1935.

L'aménagement du Neckar en prévision du passage de péniches à fort tonnage démarra en 1921. Le premier tronçon, Mannheim-Heilbronn (112 kilomètres) fut terminé en 1935.

Der Herbst strählt die Rebzeilen je nach Rotgewächs und Weißgewächs selten so anschaulich wie hier am unteren Neckar.

Seldom does the autumn comb out the rows of vines, the red from the white, so vividly as it has here along the lower Neckar.

Il est rare que la lumière d'automne permette de distinguer aussi nettement la couleur du raisin des rangées de vigne du Neckar inférieur.

Fünf Millionen Tonnen Steinsalz werden jährlich vom Heilbronner Südwestsalz-Konzern im Bergbau gefördert.

Five million tons of mineral salt are extracted from the mines of the Heilbronn Southwest Salt Companies each year.

Cinq millions de tonnes de sel gemme sont extraites chaque année des mines de la Südwestsalz d'Heilbronn.

Über einer Wasserschlinge des Neckars zackt die imperiale Silhouette von Wimpfen am Berg. Um 1200 erstand in ihrem heutigen Umfang die Kaiserpfalz mit dem fünfspitzigen Schieferhelm des Blauen Turmes.

The imperial silhouette of Wimpfen juts out of a mountain over a loop in the River Neckar. The imperial seat with the five-pointed slate roof of its Blue Tower took on its present day form around 1200.

Les contours majestueux de Wimpfen am Berg se découpent devant ce méandre du Neckar. Le palais impérial et la tour bleue aux cinq pointes en ardoise furent construits tels quels autour de 1200.

Älter als die Bergstadt ist Wimpfen im Tal. Dem römischen Kastell am Neckarlimes folgte das Ritterstift Sankt Peter. 1947 zogen aus dem schlesischen Grüssau vertriebene Benediktiner in das frühere Stift ein.

Wimpfen, down in the valley, is even older than the town up on the hill. The monastery of Sankt Peter followed on from the Roman fort at the Neckar limes. In 1947, the Benedictine monks, who were driven away from the Silesian town of Grüssau, moved into the former monastery.

Wimpfen im Tal est plus ancien que la ville sur la colline. Au castel romain situé sur le limes du Neckar succéda le collège de chevaliers de Sankt Peter. En 1947, des bénédictins chassés de Grüssau en Silésie emménagèrent dans l'ancien monastère.

Eines der frühen auf Wasserkraft gegründeten Elektrizitätswerke überspannt den Unterlauf der Jagst.

One of the early hydro-electric power stations spans the lower course of the Jagst River.

L'une des premières centrales électriques hydrauliques construites enjambe le cours inférieur de la Jagst.

Schloss Assumstadt bei Züttlingen ist ein rein erhaltener Rokokobau aus dem Jahr 1769 mit Freitreppe und stuckierter Fassade.

Dating back to 1769, the castle of Assumstadt near Züttlingen is a fully intact rococo building with an open-air staircase and a structured façade.

Le château d'Assumstadt près de Züttlingen est un édifice pur style rococo datant de 1769, avec perron et façade décorée de stuc.

Möckmühl pflegt sein Altstadt-Fachwerk. 1504 fiel die bis dahin kurpfälzische Stadt an Württemberg.

Möckmühl maintains the half-timbered buildings of its old town. In 1504, the town which up to then belonged to the Electoral Palatinate, fell to Württemberg.

Möckmühl entretient bien les maisons en pan de bois de la vieille ville. En 1504, la ville passa du Palatinat Electoral au Wurtemberg.

Bei Widdern mündet die Kessach in die Jagst. Die 950 Meter lange Autobahnbrücke überspannt die Talaue in 85 Meter Höhe.

Near Widdern the Kessach flows into the Jagst. The 950-metre-long motorway bridge spans the meadows of the valley at a height of 85 metres.

C'est à Widdern que la Kessach se jette dans la Jagst. A 85 mètres de hauteur, un pont autoroutier de 950 mètres de long enjambe la vallée.

In Jagsthausen kam der Ritter mit der eisernen Hand um 1480 zur Welt. Im Hof des im neugotischen Tudorstil umgebauten Schlosses derer von Berlichingen wird seit 1950 Goethes Jugenddrama um Götz neben anderen Stücken aufgeführt.

The Knight with the Iron Hand was born in Jagsthausen around 1480. Since 1950 performances—among others, Goethe's play about the Götz—are being carried out in the courtyard of the castle belonging to the Berlichingen family, which was rebuilt in neo-Gothic Tudor style.

C'est à Jagsthausen que le chevalier à la main de fer vint au monde vers 1480. Depuis 1950, dans la cour du château des Berlichingen transformé dans le style Tudor néo-gothique, sont présentées des pièces, dont le « Götz von Berlichingen », drame de jeunesse de Goethe.

Die Kanufahrer finden an der Jagst ein ideales Revier. Um Flora und Fauna des Flusses zu schonen, sind die Fahrenszeiten für die Wassersportler allerdings beschränkt.

The Jagst is ideal for canoeists. However, in order to protect the flora and fauna here, the times for such water sports activities are regulated.

La Jagst est un terrain de prédilection pour les amateurs de canoë. Mais pour ménager la faune et la flore de la rivière, la pratique des activités nautiques est limitée dans le temps.

Überm Tal des Erlenbachs, einem Seitengewässer der Jagst, erhebt sich Schloss Aschhausen. Seit 1803 sind hier die Reichsgrafen von Zeppelin zuhaus, die noch immer von Waldbau und Landwirtschaft leben.

The castle of Aschhausen resides above the valley of Erlenbach, a side stream of the Jagst. Since 1803, this has been the home of the counts of Zeppelin, who to today, still live on foresting and agriculture.

Le château d'Aschhausen surplombe la vallée de l'Erlenbach, un affluent de la Jagst. Les comtes impériaux von Zeppelin y habitent depuis 1803 et vivent encore de l'agriculture et de l'exploitation forestière.

Die Kanufahrer finden an der Jagst ein ideales Revier. Um Flora und Fauna des Flusses zu schonen, sind die Fahrenszeiten für die Wassersportler allerdings beschränkt.

The Jagst is ideal for canoeists. However, in order to protect the flora and fauna here, the times for such water sports activities are regulated.

La Jagst est un terrain de prédilection pour les amateurs de canoë. Mais pour ménager la faune et la flore de la rivière, la pratique des activités nautiques est limitée dans le temps.

Ein Wahrzeichen des unteren Jagsttals ist das 1720 vollendete Oktogon der Heiliggrabkapelle auf dem Kreuzberg über Schöntal.

Completed in 1720, the octagon of the chapel known as the Heiliggrabkapelle, which stands on the Kreuzberg above Schöntal, is a landmark of the lower Jagst Valley.

Emblème de la vallée inférieure de la Jagst, l'octogone de la Heiliggrabkapelle sur le Kreuzberg, au-dessus de Schöntal

Die Aufnahme lässt den ökonomisch nahezu autarken Klosterkosmos der Zisterzienserabtei Schöntal an der Jagst ahnen. Rechts unten der Torbau der Alten Abtei mit der Kilianskapelle. Dahinter die Neue Abtei mit prachtvollem Treppenhaus.

This photograph is an indication of the practically self-sufficient monastic cosmos of the Cistercian abbey of Schöntal that lies on the Jagst. At the bottom, to the right, you can see the gate of the Old Abbey with its chapel, the Kilianskapelle. Behind this is the New Abbey with its splendid stairwell.

La prise de vue de l'abbaye cistercienne de Schöntal an der Jagst permet de deviner que le petit monde de l'abbaye vivait quasiment en autarcie. En bas, à droite, l'entrée de la Vieille Abbaye avec la Kilianskapelle. Derrière, la Nouvelle Abbaye et sa somptueuse cage d'escalier

Überm Tal des Erlenbachs, einem Seitengewässer der Jagst, erhebt sich Schloss Aschhausen. Seit 1803 sind hier die Reichsgrafen von Zeppelin zuhaus, die noch immer von Waldbau und Landwirtschaft leben.

The castle of Aschhausen resides above the valley of Erlenbach, a side stream of the Jagst. Since 1803, this has been the home of the counts of Zeppelin, who to today, still live on foresting and agriculture.

Le château d'Aschhausen surplombe la vallée de l'Erlenbach, un affluent de la Jagst. Les comtes impériaux von Zeppelin y habitent depuis 1803 et vivent encore de l'agriculture et de l'exploitation forestière.

Viel zu wenig bekannt ist die Burg Krautheim ob der Jagst mit ihrem Kapellen-Kleinod, laut Dehio »eine der vollendetsten Leistungen der Frühgotik«.

Castle Krautheim with its fine chapel, a rare jewel, is far too unknown and is, according to Dehio, "one of the most perfect accomplishments of the early Gothic period."

Le château fort de Krautheim ob der Jagst gagnerait à être plus connu. Sa chapelle est un vrai joyau qui d'après le Dehio (la référence en histoire de l'art), est « l'une des œuvres les plus complètes du style ogival premier ».

»Heuballengeburt« hat der Luftbildfotograf diese Aufnahme betitelt. Was gäbe es dazu mehr zu sagen?

The photographer of these aerial pictures gave this photo the title "birth of a hay bale." What more can you say?

Le photographe aérien a intitulé sa prise de vue : naissance d'une botte de foin. Que dire de plus ?

Das Hohenloher Land ist bekannt, ja, berüchtigt für seine tief eingeschnittenen Flusstäler und Bachklingen, die den Straßenbau zu dramatischen Serpentinenstrecken zwingen. Bequemer läuft's auf den Radwanderwegen in den Tälern, wie hier bei Krautheim an der Jagst.

The Hohenlohe landscape is well known, indeed, even notorious for its deeply incised river valleys and creeks, which force the roads zigzag dramatically. More comfortable are the cycling paths in the valleys, as you can see here near Krautheim.

Le pays d'Hohenlohe est connu — voire craint — pour ses vallées encaissées dont le réseau routier en épingles à cheveux dangereusement tortueux. Il est plus confortable de rouler sur les pistes cyclables des vallées comme ici près de Krautheim an der Jagst.

Bei Klepsau rauscht die Jagst übers Wehr. Hier hat sich die Rebkultur am Heiligenberg rund um ein altes Urbansbild erhalten.

The Jagst sweeps over the weir near Klepsau. Here the winegrowing tradition on the Heiligenberg has survived, embracing an old townscape.

A Klepsau, la Jagst franchit le barrage. Ici, on cultive toujours la vigne sur les coteaux du Heiligenberg, autour d'une vieille peinture de Sankt Urban.

Ein Freiherr von Muggenthal hat die Burg Laibach zu einem stattlichen Renaissanceschloss umgebaut. Im frühen 19. Jahrhundert wurde das halbe Anwesen abgebrochen und als Baumaterial versteigert. Später wurde die Anlage mühsam wieder aufgebaut.

A Baron of Muggenthal converted the castle of Laibach into a magnificent Renaissance castle. In the early 19th century, half of the estate was torn down and auctioned off as building material. Later the premises were laboriously rebuilt.

Un baron de Muggenthal a transformé le château fort de Laibach en un impressionnant château de la Renaissance. Au début du 19e siècle, la moitié des bâtiments furent démolis et les matériaux vendus aux enchères. Plus tard, l'ensemble fut reconstruit avec grande difficulté.

Das spätbarocke Schloss in Meßbach mit seinen vier Türmen unter der Zwiebelhaube wurde Ende des 19.Jahrhunderts um ein Halbgeschoss erhöht.

The late Baroque castle in Meßbach with its four towers under the onion dome gained half a storey at the end of the 19th century.

Le château de style baroque tardif de Meßbach et ses quatre tours bulbeuses ont été surélevés d'un demi-étage à la fin du 19e siècle.

Unter den meisten kleinen Territorialherrschaften Frankens, vom Reichsritter bis zum Deutschen Orden, waren die Juden wohlgelitten. Über dem rechten Jagstufer bei Hohebach liegt einer der zahlreichen Judenfriedhöfe.

The Jewish people were well-liked by most of the smaller territorial rulers of Franconia, ranging from the knights of the old German Reich to the German Order. Near Hohebach, above the right bank of the Jagst, lies one of the numerous Jewish cemeteries in the region.

Les Juifs étaient bien tolérés par la majorité des petites seigneuries territoriales franconiennes, du chevalier impérial à l'Ordre Teutonique. L'un des nombreux cimetières juifs est situé au-dessus de la rive droite de la Jagst, près d'Hohebach.

Frischgemähte Wiesenstücke in der Jagstaue bei Dörzbach. Der dichte Schilfgürtel des Flusses und das Teichrosennest gegenüber sprechen für die Wasserqualität der Jagst.

Freshly mowed meadows in the Jagst river plains near Dörzbach. The river's dense belt of reed and the nest of yellow water lilies on the other side are proof of the good quality of its water.

Prés fraîchement fauchés dans la vallée de la Jagst, près de Dörzbach. L'épais rideau de roseaux le long de la rivière et le nid de nénuphars situé sur l'autre rive témoignent de la bonne qualité de l'eau de la Jagst.

In den Laubkronen seines Parks versenkt liegt Schloss Dörzbach, seit gut vier Jahrhunderten im Besitz der Herren von Eyb. Die Bauten der Dreiflügelanlage verraten, zusammengestückt, ihre Herkunft aus etlichen Jahrhunderten.

Sunk into the tips of its park foliage, Dörzbach Castle has been the property of the lords of Eyb for more than four centuries. When seen together, the buildings of the three-winged premises give evidence of their origins stemming from several different centuries.

Plongé dans la verdure, le château de Dörzbach appartient aux seigneurs d'Eyb depuis plus de quatre siècles. De bric et de broc, les trois ailes du bâtiment trahissent des époques différentes.

Über der Jagst zwischen Hohebach und Dörzbach leuchtet die gotische Kapelle Sankt Wendel am Stein aus dem Laubwerk. Nackter Fels bildet die Rückwand.

Situated above the Jagst, between Hohebach and Dörzbach, the Gothic chapel of Sankt Wendel am Stein shines through the foliage. Bare stone forms the back wall.

Sur les hauteurs de la Jagst, entre Hohebach et Dörzbach, la chapelle gothique Sankt Wendel am Stein brille au creux du feuillage, sur fond de roche nue.

Wo früher an den Sonnseiten des Jagsttales Rebparzellen grünten, haben sich Wald und Gebüsch die Hänge längst zurückgeholt.

Where the vineyard plots once flourished on the sunny slopes of the Jagst Valley, the woods and undergrowth have long since reclaimed the slopes.

Forêts et buissons ont depuis longtemps réinvestis les coteaux ensoleillés de la Jagst où poussait autrefois la vigne.

Neben Klepsau weist Dörzbach am Altenberg noch geschlossenes Rebgelände auf. Da die temperamentvollen, stets zu Ulk und Handgreiflichkeiten aufgelegten Dörzbacher früher weit und breit die »Mirakelmächer« hießen, wurde der Müller-Thurgau zeitweise unter dem Namen »Mirakel« verkauft.

Compared to Klepsau, Dörzbach, which lies on the Altenberg still has large expanses of vineyards. As a result of the fact that they were constantly joking and getting into fights, the boisterous people of Dörzbach were known as the "Mirakelmächer" or "miracle makers" far and wide. It is for this reason that for some time the Müller-Thurgau wine was sold under the name of "Mirakel".

A Dörzbach am Altenberg comme à Klepsau, on trouve encore des vignes côte à côte. Le cépage local Müller-Thurgau fut à une époque vendu sous le nom de « miracle » car les habitants de Dörzbach, pleins d'entrain et toujours prêts à faire des farces ou à se bagarrer, étaient appelés un peu partout les « faiseurs de miracles ».

Im raritätenreichen Hohenlohe ist der von einer mannshohen Mauer umschlossene Kirchhof über dem Deutschordensdorf Ailringen einzigartig. Es gibt nur Einzelgräber mit weißen Kreuzen für Ledige und mit braunen für Verheiratete.

Hohenlohe is full of rarities, a unique example of which is the churchyard that is surrounded by a man-sized wall, above the village Ailringen belonging to the German Order. There are only individual tombs with white crosses for unmarried and brown crosses for married people.

Le Hohenlohe est riche en perles rares comme ce cimetière unique en son genre qui se trouve au dessus d'Ailringen, village de l'Ordre Teutonique. Entouré d'un mur à hauteur d'homme, il présente uniquement des tombes individuelles, aux croix blanches pour les célibataires et aux croix marron pour les personnes mariées.

Längst gehören die farbigen Gleitschirme, wie hier auf dem Startplatz bei Mulfingen an der Jagst, zum Landschaftsbild.

The colourful hang-gliders, as you can see here on a field near Mulfingen, have been part of the landscape for a long time now.

Les parapentes colorés font depuis longtemps partie du paysage ; ici près de Mulfingen an der Jagst, à l'endroit du grand saut.

Kocher und Jagst weisen noch ein Dutzend gedeckter Holzbrücken, Archenbrücken genannt, auf. Die 1821 errichtete Brücke bei Unterregenbach spannt sich freitragend über die Jagst.

The Kocher and the Jagst still possess a dozen covered wooden bridges, so-called arched bridges. This self-supporting bridge that was founded in 1821 spans the Jagst near Unterregenbach.

Au-dessus du Kocher et de la Jagst existent encore une douzaine de ponts en bois couverts. Celui-ci, construit en 1821 non loin d'Unterregenbach, enjambe la Jagst.

Unterregenbach gilt als die Sphinx der mittelalterlichen Archäologie. Das gotische Kirchlein Sankt Veit steht über karolingischen und ottonischen Vorgängerbauten. 1880 erkannte man den Keller des Pfarrhauses als Krypta einer monumentalen Basilika des späten neunten Jahrhunderts. Die Grundmauern sind im Pfarrgarten, Bildmitte, freigelegt.

Unterregenbach is considered to be the sphinx of mediaeval archaeology. The little Gothic church of Sankt Veit now stands where buildings of the Carolingians and the Otto dynasty once existed. In 1880, the cellar of the rectory was recognised to be the crypt of a monumental basilica, dating back to the late ninth century. The foundation walls stand exposed in the parish garden (middle of the picture).

Unterregenbach est considérée comme le sphinx de l'archéologie moyenâgeuse. La petite église gothique de Sankt Veit est bâtie sur des vestiges carolingiens et ottoniens. En 1880, on découvrit que la cave du presbytère était la crypte d'une basilique monumentale de la fin du 9e siècle, dont on peut voir les fondations dans le jardin du presbytère (photo du centre).

Im Anschluss an das gleichnamige Residenzstädtchen ob der Jagst leuchtet Schloss Langenburg weit ins Hohenloher Land. Seine heutige Gestalt erhielt der mittelalterliche Herrensitz im frühen 17. Jahrhundert. Seit 23 Generationen residiert hier das Haus Hohenlohe.

High above the Jagst, the castle of Langenburg shines out far into the lands of Hohenlohe from close behind the residential seat of the same name. The mediaeval castle gained its present day form back in the early 17th century. This has been the residence of the House of Hohenlohe for 23 generations.

Le château de Langenburg qui touche à la ville-résidence du même nom, Langenburg ob der Jagst, est visible de loin dans le Hohenlohe. Ce siège féodal du Moyen-Age acquit son aspect actuel au début du 17e siècle. La Maison des Hohenlohe y réside depuis 23 générations.

Neben dem Langenburger Schlossmuseum und dem benachbarten Deutschen Automuseum im Marstall, hinten im Bild, wurde der gastliche Schlossgarten liebevoll restauriert.

Besides the Langenburg Castle Museum and the neighbouring German Automobile Museum in Marstall (which can be seen in the background), the inviting castle gardens have also been restored lovingly.

Très accueillant, le jardin du château a été restauré avec beaucoup d'amour. Il avoisine le Musée du Château de Langenburg et le Musée de l'Automobile situés dans l'ancienne écurie.

Glückliche Kühe auf der Weide. Hohenlohe weist einen überdurchschnittlich hohen Anteil an Biobauern auf. Beliebt ist hier der Urlaub auf dem Bauerndorf.

Contented cows on a meadow. Hohenlohe possesses an above-average proportion of organic farmers. Holidays on farms are particularly popular here.

Le bonheur est dans le pré. Le Hohenlohe compte un nombre d'agriculteurs biologiques au-dessus de la moyenne et la formule « vacances à la ferme » est fort appréciée ici.

Sattbraun glänzt die frischumgebrochene Ackererde, während daneben noch eine leichte Schneedecke die erstarrte Krume überschleiert.

Freshly turned over, the soil of arable land shines in rich shades of brown while next to it, a thin layer of snow still covers the frozen topsoil.

La terre d'un brun soutenu, fraîchement retournée, contraste avec le léger voile de neige sur la croûte gelée.

Zu dem Dutzend Residenzen der Grafen und späteren Fürsten zu Hohenlohe gehört Kirchberg an der Jagst. Das Schloss am Ende des Muschelkalksporns dient jetzt als Altenheim.

Kilchberg an der Jagst is one of the dozen residences of the counts and later, princes of Hohenlohe. The castle at the end of the Muschelkalk spur now serves as a senior citizens' home.

Kirchberg an der Jagst appartient à la douzaine de résidences des comtes puis princes de Hohenlohe. Le château situé à la pointe d'un éperon de calcaire coquillier abrite aujourd'hui une maison de retraite.

Im Hohenlohischen hat die Landwirtschaft die Landschaft noch nicht aufgezehrt. Immer bleibt hier Platz für Baum und Hecke.

In the Hohenlohe area agriculture has not yet depleted the land. There is always enough space for trees and bushes.

Dans le Hohenlohe, l'agriculture n'a pas encore englouti la nature. On trouve toujours de la place pour les arbres et les haies.

Der Haller Torturm blieb von der Ilshofener Stadtbefestigung. Ilshofen gehörte vier Jahrhunderte lang zur Haller Landwehr, dem Territorium der Reichsstadt Hall am Kocher.

Halle's gate-tower is a remnant of the town fortifications of Ilshofen. For four centuries, Ilshofen was part of the Haller Landwehr, the territory of the German Reich town of Hall.

La porte fortifiée de Hall est un vestige de l'enceinte d'Ilshofen qui fit partie pendant quatre siècles de la Haller Landwehr, le système de défense du territoire de la ville impériale Hall am Kocher.

Selbst leichte Freizeitzelte hinterlassen ihre Spuren für den Luftbildphotographen.

Even light-weight camping tents leave their mark for the aerial photographer.

Vues d'avion, même la trace de simples tentes de camping présente un intérêt pour l'œil du photographe

Hier bei Ilshofen auf der Haller Ebene fügen sich die luftigen Freizeit-Behausungen zu einem schmucken Sommerdorf.

Here, near Ilshofen on the Hall plains, the airy holiday homes assemble to create a pretty little summer village.

Près d'Ilshofen, sur le plateau de Hall, ces légères habitations de toile forment un joli village d'été.

Über einer Wasserschleife der Bühler trutzt das Bergstädtchen Vellberg, als sei es aus einem Skizzenbuch Albrecht Dürers entsprungen. 1499 hatten die sechs adeligen Besitzer die Befestigung mit Bastionen, Türmen und Kasematten vollendet.

Above a loop in the Bühler, the little mountain town of Vellberg stands out defiantly, as if it had arisen from Albrecht Dürer's sketchbook. In 1499, its six noble owners completed fortifying the town with bastions, towers and casemates.

Comme sorti d'un livre d'esquisses d'Albrecht Dürer, la petite ville de Vellberg est postée au-dessus d'un méandre de la Bühler. En 1499, les six propriétaires nobles avaient parachevé le système de défense par des bastions, tours et casemates.

Neben Gaildorf war auch Obersontheim eine Residenz der Reichserbschenken von Limpurg. Vorn die schlossartig stattliche, von Rundtürmen flanierte Kanzlei der Schenken, jetzt Rathaus.

In addition to Gaildorf, Obersontheim was also a residence of the Schenks of Limpurg. In the foreground you can see the stately, castle-like chancellery of the Schenks which is equipped with round towers. Now it is the town hall.

Tout comme Gaildorf, Obersontheim était résidence des échansons impériaux (de père en fils) de Limpurg. Au premier-plan, leur chancellerie imposante, semblable à un château-fort flanqué de tours, est maintenant l'Hôtel de Ville.

Technik und Natur, Vergangenheit und Neuzeit wirken bei diesem Bild kontrastreich zusammen. Sonnenkollektoren treffen sich mit Feldscheune, überplanter Miete und einem frommen Wegkreuz.

In this picture technology and nature, past and present, interact in rich contrast. Solar panels meet field barns, a covered pit and a pious wayside cross.

Technique versus nature, passé versus modernité, les contrastes sont ici saisissants : capteurs solaires et petite grange, silo bâché et calvaire.

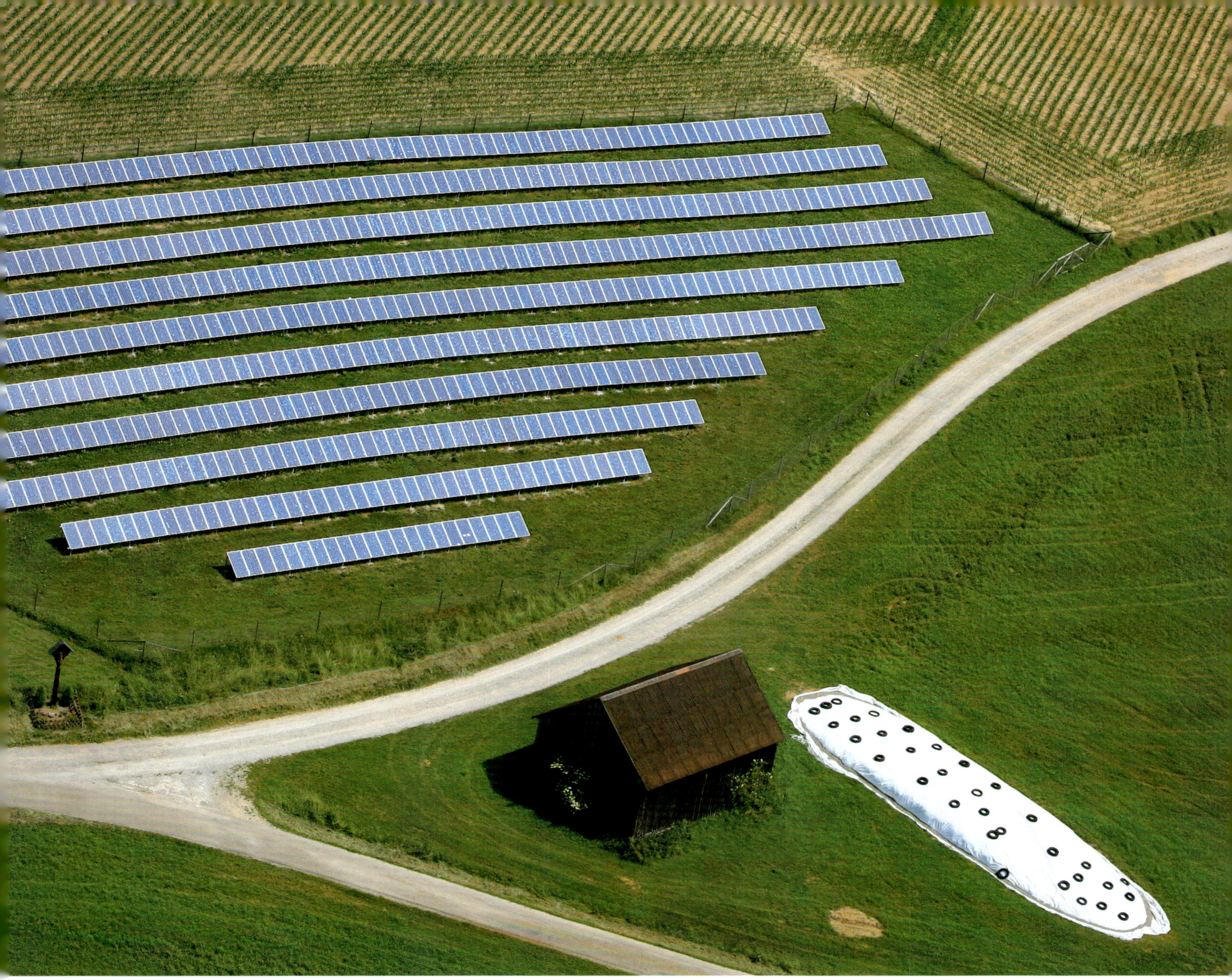

Der Marktflecken Bühlertann mit seiner kompakt erhaltenen Tannenburg gehörte fast acht Jahrhunderte lang zur Abtei und späteren Fürstpropstei Ellwangen.

The small market town of Bühlertann with its fully intact Tannenburg Castle was part of the abbey and then later, provost principality of Ellwangen for almost eight centuries.

Le bourg de Bühlertann et son château bien conservé – le Tannenburg – ont appartenu pendant près de huit siècles à l'abbaye d'Ellwangen, qui devint plus tard principauté indépendante.

Crailsheim ist aus der 1945 wochenlang umkämpften Ruinenstätte wiedererstanden. Am Ende der von Marktbuden gesäumten Straße rechts das 1717 erbaute alte Rathaus aus markgräflich ansbachischer Zeit.

Crailsheim was rebuilt from a place of ruins that had been fought over for weeks in 1945. At the end of the road lined with market stalls, you can see the old town hall, dating back to 1717, from the days of the Ansbach margraves.

Lieu d'âpres combats pendant des semaines, en 1945, Crailsheim a pu renaître de ses cendres. Au bout de la rue le long de laquelle s'égrènent les stands du marché, à droite, l'ancienne mairie bâtie en 1717 au temps des margraves d'Ansbach

Als Marktort und Einkaufsstadt für die ländliche Umgebung, als Eisenbahnknoten und Industrieplatz hat sich Stadt Crailsheim im Nordosten Hohenlohes behauptet.

Crailsheim has come to dominate the northeast of Hohenlohe as a market and shopping town for its rural surroundings and as a major railway junction and location for industry.

Avec son marché et ses commerces, la ville de Crailsheim dans le nord-est du Hohenlohe, joue un rôle prépondérant pour la campagne alentour. Elle est aussi site industriel, et plaque tournante du trafic ferroviaire.

Der Burgberg zwischen Maulach und dem Tal der Speltach hat seinen Namen vom früheren Buchenbestand. Buchberg hieß er einst. 1961 wurde der Aussichtsturm des Schwäbischen Albvereins errichtet.

The Burgberg, between Maulach and the valley of the Speltach, got its name from its former stand of beeches (in German: "Buchen") for it was once called Buchberg. The lookout tower was erected by the Swabian Alb Society in 1961.

Entre Maulach et la vallée de la Speltach, le Burgberg s'appelait autrefois Buchberg car il était couvert de hêtres. En 1961, l'association Schwäbischer Albverein y construisit une tour panoramique.

Über Crailsheim leuchtet ein Bauwerk aus dem Grün, das mit seiner historisierenden Architektur an ein Miniatur-Schlösschen erinnert. Es stellt freilich nur ein Pumpwerk dar.

Above Crailsheim, a building shines out through greenery. This building, with its historicising architecture calls to mind a miniature castle. But, of course, it is only a pumping station.

Au dessus de Crailsheim, ce petit château miniature à l'architecture historisante qui brille dans la verdure n'est autre qu'une station de pompage.

In weit ausgreifenden Mäandern fließt die von Wasserbaumaßnahmen noch weithin unberührte Jagst, ehe sie hinter Crailsheim vom Keuper den Muschelkalk erreicht und sich ein schluchtigsteiles Tal fräst.

The Jagst, which to a great extent is still unspoiled by river engineering, flows in sweeping meanders beyond Crailsheim before it reaches the Muschelkalk from the Keuper and grinds its way into a valley as steep as a gorge.

La Jagst, encore très épargnée par les travaux hydrauliques, forme ici de larges méandres avant de quitter le keuper, en aval de Crailsheim, et de creuser une gorge dans le calcaire coquillier.

Satteldorf an der Bahnstrecke Ulm–Crailsheim–Lauda weist neben Schotterwerken und einer Gipsplattenfabrik auch ein Natursteinwerk auf, dessen gestapelte Blöcke und Tafeln aus der Vogelschau einem abstrakten Gemälde gleichen.

Situated on the Ulm–Crailsheim–Lauda railway line, Satteldorf not only has gravel works and a plaster block factory, it also has a quarry stone works. From a bird's-eye view, the blocks and boards of this quarry stone works resemble an abstract piece of art.

Sur la ligne ferroviaire Ulm–Crailsheim–Lauda, Satteldorf possède une usine de gravier, une fabrique de plaques de plâtre et une carrière de pierres naturelles dont l'amoncellement de blocs et de plaques évoquent une œuvre abstraite.

Bei Bölgental überrascht auf freiem Feld die Anhäuser Mauer, Torso eines gotischen Kirchenchors. Das dazu gehörige Kloster der Pauliner-Eremiten wurde im Bauernkrieg anno 1525 zerstört.

Near Bölgental on an open field, you will be surprised by the Anhausen wall, which is the torso of a Gothic church quire. The monastery of the Pauline-Hermits to which it belonged was destroyed in the Peasants' War of 1525.

Près de Bölgental, on est surpris de trouver en plein champ un vestige du chœur d'une église gothique. Il provient de l'abbaye d'Anhausen, dépendante de l'ordre de Saint-Paul l'Ermite, qui fut détruite pendant la révolte des paysans en 1525.

Der Autobahnkreuzung der A7 Würzburg–Ulm mit der A6 Heilbronn–Nürnberg bei Feuchtwangen schmiegt sich das vierblättrige Kleeblatt der Zufahrten und Abfahrten an.

Joining the motorway intersection of the A7 Würzburg–Ulm and the A6 Heilbronn–Nürnberg near Feuchtwangen, the slip roads give the impression of a four-leaf clover.

Le trèfle à quatre feuilles des bretelles d'entrée et sortie niché contre l'échangeur de l'autoroute Würzburg–Ulm (A7) avec l'autoroute Heilbronn–Nürnberg (A6) près de Feuchtwangen.

Das Muster der Mähmaschinenspur umkreist signifikant die in der Wiese gelagerten Baumstämme.

The pattern created by a lawnmower significantly surrounds the tree trunks piled up on the meadow.

Les cercles laissés par la faucheuse font ressortir les troncs d'arbres stockés dans la prairie.

Obstbäume tupfen die Landstraßen und Feldwege im Hohenlohischen, wie hier bei Ilshofen.

As you can see here near Ilshofen, country roads and field paths in Hohenlohe are spotted with fruit trees.

Des arbres fruitiers ponctuent les routes et les chemins du Hohenlohe, comme ici près d'Ilshofen.

Wahrzeichen der Frankenhöhe zwischen Steigerwald und Crailsheimer Hardt ist Schloss Schillingsfürst. Die Hohenlohe-Residenz gehört schon zum bayerischen Franken.

The castle of Schillingfürst is a landmark of the Frankenhöhe that lies between Steigerwald and the Crailsheimer Hardt. The residence of Hohenlohe actually lies in Bavarian Franconia.

Le château de Schillingsfürst est un emblème de la Frankenhöhe, massif situé entre le Steigerwald et la Crailsheimer Hardt. La résidence des Hohenlohe appartient déjà à la Franconie bavaroise.

Einsam schattet der Mostbirnenbaum im Feld. Der Kupferzeller Pfarrer Johann Friedrich Mayer hat einst für die Mostbirne und ihr schmackhaft erfrischendes Produkt geworben.

A solitary pear tree casts its shadows onto the field. The vicar Johann Friedrich Mayer of Kupferzell made the pear and its delicious, refreshing products popular.

Le poirier à jus et son ombre solitaire. Le curé de Kupferzell, Johann Friedrich Mayer, vanta autrefois les bienfaits du « Most » – du jus de poires fermenté – une boisson rafraîchissante et goûteuse.

Preisfrage: Wo ist hier der Schäfer?
Er hat seine Herde in dem umzäunten Brachfeld diesmal alleine gelassen.

The prize question: Where is the shepherd?
This time he has left his flock all alone on the fenced fallow field.

Où se trouve le berger ?
Il a laissé son troupeau seul dans ce champ clos en jachère

Hochzeit in Rot am See. Der namengebende See wurde im 18. Jahrhundert trockengelegt. Die Pfarrkirche Sankt Martin weist im Chorturm ein gotisches Portal auf.

A wedding in Rot am See. The lake that gave the place its name was drained in the 18th century. The parish church of Sankt Martin possesses a Gothic portal in the quire tower.

Un mariage à Rot am See, une ville qui tient son nom d'un lac asséché au 18e siècle. L'église paroissiale Sankt Martin possède un porche gothique dans la tour du chœur.

Der fast schon skurril anmutende Quaderbau der Gaggstatter Dorfkirche wurde 1904 von Theodor Fischer errichtet. Die Ausstattung im Jugendstil ist rein erhalten.

The almost bizarre ashlar building of the Gaggstatt village church was built in 1902 by Theodor Fischer. Its Art Nouveau furnishings are still fully intact.

L'édifice carré presque grotesque de l'église du village de Gaggstatt a été édifié par Theodor Fischer en 1904. L'aménagement intérieur en style Art Nouveau est resté intact.

Das gewerbefleißige Gerabronn war bis 1938 Sitz eines Oberamts. Der ansbachsche Hofbaumeister Carl Friedrich von Zocha errichtete 1740 die Kirche mit dem von einer originellen Mansardenhaube gekrönten Turm. In der Bildmitte unten der Michelbacher Torturm.

The industrious town of Gerabronn was the seat of the district authorities until 1938. In 1740, Carl Friedrich von Zocha, the court architect of Ansbach, built the church which has a tower crowned with a highly original mansard roof. Below the middle of the picture you can see the Michelbach gate-tower.

Gerabronn, commune industrieuse, fut le siège d'une prévôté jusqu'en 1938. L'église dont la tour est couronnée d'un toit à la mansarde originale, est l'œuvre de Carl Friedrich von Zocha, architecte de la cour d'Ansbach (1740). En bas, au centre, la tour fortifiée de Michelbach.

Blaufelden ist für seine Zuchtvieh-versteigerungen und seinen Schweinemarkt bekannt. Mitten im Dorf steht erhöht die spätgotische, ehemals umwehrte Kirche.

Blaufelden is well known for its livestock auctions and its pig market. In the middle of the village, slightly raised, stands the late Gothic church that was once defended from all sides.

Blaufelden est réputée pour ses ventes aux enchères de bétail et son marché aux porcs. Au centre du village, sur une hauteur, se trouve l'église gothique flamboyant autrefois fortifiée.

Grün, blau und alle Spielarten der Rostfärbung: So etwas sieht man nur aus luftiger Höhe wie auf diesem Lagerplatz bei Gerabronn.

In green, blue and every different shade of rust: A view such as this can only be gained from an airy height; here, a depot near Gerabronn.

Vert, bleu et tous les tons de la rouille : seule une vue aérienne permet d'avoir une telle perspective de cet entrepôt près de Gerabronn.

Im Flug über eine Baumschule: Mehr noch als die verschiedenen Farben der Laubhölzer verwirrt aus dieser Perspektive deren Schattenwurf.

Flying over a tree nursery: From this perspective, the shadows of the deciduous trees are even more confusing than the variations in their colour.

Survol d'une pépinière : dans cette prise de vue, les ombres des feuillus sont encore plus troublantes que la variété de couleurs.

Aus einer Wasserburg erwuchs das Schloss in Schrozberg. Heute befindet sich im Schloss das Rathaus der jungen Stadt Schrozberg.

The castle in Schrozberg developed from a castle surrounded by moats. Today the town hall of the still young town of Schrozberg is situated in the building.

A l'origine, le château de Schrozberg était entouré de douves. Il abrite aujourd'hui la mairie de la jeune ville de Schrozberg.

Bartenstein überm Ettetal stellt den Mustertyp einer Duodez-Residenz dar. Der Ort wurde nach der Neugründung der Linie Hohenlohe-Bartenstein mit dem Bau der Residenz Anfang des 18. Jahrhunderts aus dem Nichts geschaffen.

Bartenstein, which lies above Ette Valley, is the perfect example of a duodecimo residence. At the beginning of the 18th century, it was created out of nothing when the residence was built after the re-establishment of the line of Hohenlohe–Bartenstein.

Sur les hauteurs de la vallée de l'Ette, Bartenstein est l'exemple-type de résidence d'un état minuscule. La ville fut créée de toutes pièces après la naissance de la nouvelle lignée des Hohenlohe-Bartenstein, lorsqu'on y construisit la résidence au début du 18e siècle.

Niederstetten im Tal der Vorbach. Charakteristisch für den Oberen Muschelkalk sind die grauen, oft überbuschten Steinriegel, die senkrecht zu Tal ziehen. Schloss Haltenbergstetten im Vordergrund birgt ein kleines Jagdmuseum.

Niederstetten in the Vorbach Valley. Characteristic of the Upper Muschelkalk are the grey, very often overgrown rows of rocks that stretch into the valley vertically. The castle of Haltenberg-stetten, to be seen in the foreground, accommodates a little hunting museum.

Niederstetten dans la vallée de la Vorbach. Les barres de pierre grise généralement couvertes de buissons qui tombent à la verticale de la vallée sont caractéristiques des bancs supérieurs du calcaire coquillier. Au premier plan, le château d'Haltenbergstetten abrite un modeste musée de la chasse.

Rothenburg ob der Tauber ist als Städtedenkmal sprichwörtlich geworden. Seine Geschichte begann mit der Stauferpfalz am Ende des Bergsporns, oben links. Die Herrngasse zwischen Burgtor und Marktplatz mit den adligen Turmhäusern war das Rückgrat der jungen Siedlung. In der Bildmitte die gotische Stadtkirche St. Jakob mit Tilman Riemenschneiders Heiligblutaltar.

Rothenburg ob der Tauber, in itself, has become proverbial as an urban monument. Its history began with it being a seat of the Staufer, situated at the end of the mountain spur (depicted here on the left). With its noble tower residences, the Herrngasse between the Burgtor and the market square was the backbone of the young settlement. In the middle of the picture stands the Gothic town church of Sankt Jakob, where Tilman Riemenschneider's altar of the Holy Blood is to be seen.

Rothenburg ob der Tauber tout entière est devenue un véritable monument historique. Son histoire commença avec un palais impérial des Staufer à l'extrémité de l'éperon rocheux, en haut à gauche. La Herrngasse avec ses nobles hôtels particuliers va de la Burgtor à la place du Marché. Elle était l'artère principale de la jeune cité. Au centre, l'église gothique Sankt Jakob qui renferme le retable du Saint Sang de Tilman Riemenschneider.

Kappenzipfel heißt das südliche schmale Stadtviertel der Reichsstadt Rothenburg ob der Tauber, das sich zwischen dem monumentalen Spitaltor und dem Siebersturm erstreckt.

Kappenzipfel is the name of the narrow southern quarter of the old German Reich town of Rothenburg ob der Tauber which spreads out between the monumental gate and the Sieber's Tower.

Le quartier étroit situé au sud de la ville impériale de Rothenburg ob der Tauber est surnommé « Kappenzipfel ». Il s'étend entre une porte monumentale (Spitaltor) et une tour (Siebersturm).

Neben dem schlank übertürmten Rathaus der Gotik bauten sich die Rothenburger das prachtvolle neue Rathaus der Renaissance. Rechts daneben mit Dachreiter und Kunstuhr die Ratstrinkstube. Hier erscheinen mit dem Stundenschlag die Figuren des Feldherrn Tilly und des Altbürgermeisters Georg Nusch.

Next to the Gothic town hall, with its slim high tower, the people of Rothenburg built their splendid new town hall in Renaissance style. To the right of this you can see the town hall inn with its ridge turret and clock. Here, the figures of General Tilly and Georg Nusch, the old town mayor, appear each time the clock strikes the hour.

Les bourgeois de Rothenburg firent construire le nouvel Hôtel de Ville, somptueux édifice Renaissance, à côté de celui du gothique, surmonté d'une tour élancée. A sa droite, avec son lanterneau et son horloge ouvragée, la Ratstrinkstube (la « buvette du conseil »). Les heures sont marquées par l'apparition des personnages du général Tilly et de l'ancien maire Georg Nusch.

In melodischen Bögen schwingt die junge Tauber vor Rothenburg durchs Keuperland, eh sie sich dann tief in den Muschelkalk einschneidet. Der Fluss entspringt bei Weikersholz im Angesicht der Frankenhöhe, noch auf württembergischem Gebiet.

In melodic meanders the young Tauber sweeps past Rothenurg through Keuper lands, only to then cut deeply into the Muschelkalk. The source of the river is near Weikersholz and although it is near the Frankenhöhe, it is still a part of Württemberg.

Avant d'atteindre Rothenburg et de s'enfoncer profondément dans le calcaire coquillier, la jeune Tauber décrit de gracieuses courbes dans ce pays de keuper. Elle prend sa source près de Weikersholz, face à la Frankenhöhe, encore en territoire de Wurtemberg.

Unterhalb Rothenburgs ragt das gotische Turmhaus des Topplerschlösschens aus der Wiesenaue. Es erinnert an den bedeutendsten Politiker der Reichsstadt, Heinrich Toppler.

Beneath Rothenburg, the Gothic tower house of the little castle, known as the Topplerschlösschen, rises from the river meadow. It is a reminder of Heinrich Toppler, who was the most significant politician of this old German Reich town.

En contrebas de Rothenburg, une maison-tour gothique (le « Topplerschlösschen ») s'élève dans la prairie inondable d'un ruisseau, nous rappelant l'homme politique le plus important de la ville impériale, Heinrich Toppler.

An der oberen Tauber öffnete sich einst eine wahre Mühlengasse. Etliche alte Wassermühlen, wie hier bei Tauberscheckenbach, haben sich auf Ausflügler und Touristen eingestellt.

On the upper Tauber there was once a proper lane of mills. A whole row of old watermills, such as this one near Tauberscheckenbach, now offer an attraction to tourists and day-trippers.

Sur le cours supérieur de la Tauber, il y avait autrefois une rue des moulins, au sens propre du terme. Un bon nombre de ces vieux moulins à eau s'est adapté aux touristes et randonneurs, comme ici près de Tauberscheckenbach.

In einem Seitentälchen der Tauber liegt die Creglinger Herrgottskirche. Für die Kirche hat Tilman Riemenschneider den neun Meter hohen Altar mit der Aufnahme Mariens in den Himmel geschnitzt.

Creglingen's Herrgottskirche lies in a little lateral valley of the Tauber. For this church, Tilman Riemenschneider carved a nine-metre-high altar with a depiction of the Assumption of Mary.

La Herrgottskirche de Cregling se trouve dans une petite vallée latérale de la Tauber. Pour cette église, Tilman Riemenschneider a sculpté dans le bois un autel de neuf mètres de haut montrant l'Assomption de la Vierge.

Ein 1232 gestiftetes Zisterzienserinnenkloster gab Frauental an der Steinach den Namen. Die Oberkirche beherbergt das Museum »Vom Kloster zum Dorf«, die Unterkirche öffnet sich in reiner Frühgotik.

A Cistercian nunnery on the Steinach, which was donated in 1232, gave Frauental its name. The upper church now accommodates the museum "From Nunnery to Town"; the lower church is a blossom of pure early Gothic.

Frauental an der Steinach doit son nom à une abbaye de cisterciennes, fondée en 1232. L'église du haut abrite le Musée « De l'abbaye au village », l'église du bas est d'un pur style ogival primaire.

Unvermittelt taucht auf der Gäuebene zwischen Röttingen und Ochsenfurt Schloss Walkershofen auf. Neben den drei Ecktürmen fällt rechts der gedrungene Kanonenturm auf, der die Brücke über den einstigen Wassergraben decken sollte.

Castle Walkershofen appears totally unexpectedly on the Gäu plains between Röttingen and Ochsenfurt. Besides the three corner towers, you will notice the stout canon tower, from which the bridge over the moat was defended.

Le château de Walkershofen surgit de manière inattendue sur le plateau du Gäu entre Röttingen et Ochsenfurt. La petite tour à artillerie trapue se démarque des trois autres tours d'angles. Elle devait couvrir autrefois le pont au-dessus de la douve.

Im Tal der Gollach liegt das Städtchen Aub. Der siebengeschossige Obere Torturm erhielt seine Zinnenkrone erst um 1845.

In the Valley of the Gollach lies the little town of Aub. The seven-storey Upper Gate-tower did not gain a roof for its battlements until around 1845.

La petite ville d'Aub est située dans la vallée de la Gollach. La couronne de créneaux sur la Tour Haute, une tour fortifiée de sept étages, date de 1845.

Röttingen an der Tauber war zeitweise Sitz einer Linie der Herren von Hohenlohe, ehe es an Würzburg fiel. Rechts unten der Hundheimer Torturm und die Burg Brattenstein. Die Hauptstraße führt zum barocken Rathaus. Links davon steht die Pfarrkirche Sankt Kilian mit romanischem Turm und frühgotischem Chor.

Röttingen was from time to time the seat o a line of the lords of Hohenlohe before it fell to Würzburg. Below, to the right, is the Hundheim gate-tower and Castle Brattenstein. The main road leads to the Baroque town hall. To the left stands the parish church of Sankt Kilian with its Romanesque tower and early Gothic quire.

Avant de passer à Würzburg, Röttingen an der Tauber fut un temps résidence d'une branche des seigneurs d'Hohenlohe. En bas à droite, la porte fortifiée de Hundheim et le château fort de Brattenstein. La rue principale mène à l'Hôtel de Ville baroque. A sa gauche, l'église paroissiale Sankt Kilian, sa tour romane et son chœur gothique primaire

Über Laudenbach am Ausgang des Vorbachtales schaut die Bergkirche aus dem Wipfelgrün. Die gotische Wallfahrtskirche erscheint mit ihrem Portalrelief als kleine Schwester der Würzburger Marienkapelle auf dem Markt.

Above Laudenbach, at the end of the Vorbach Valley, a hillside church rises out of the treetops. The relief on its portal suggests it is the little sister, as it were, of the chapel, Marienkapelle, which is situated on the market square in Würzburg.

Sur les hauteurs de Laudenbach, à la sortie de la vallée du Vorbach, l'église du pèlerinage de style gothique surgit de la cime verte des arbres. De par le bas-relief de son porche, elle pourrait être la petite sœur de la chapelle de la Vierge sur la place du Marché de Würzburg.

Die Taubertalstraße durchquert in Schäftersheim das Geviert und unterquert einen Trakt des mittelalterlichen Prämonstratenserinnenklosters.

In Schäftersheim the Tauber Valley road crosses the square and runs under a tract of the Premonstratensian nunnery.

A Schäftersheim, la route du Taubertal traverse le terrain rectangulaire de l'abbaye des Prémontrées datant du Moyen-Age et passe sous l'un de ses bâtiments.

Als gleichseitiger Dreiecksbau war das Renaissanceschloss in Weikersheim geplant; vollendet wurde nur der zum Hofgarten und zur frühbarocken Orangerie schauende Flügel. Der Bergfried der mittelalterlichen Wasserburg im Mündungswinkel von Vorbach und Tauber erhielt eine welsche Haube.

The Renaissance castle in Weikersheim was planned as a triangular construction, with equally long sides; however, only two of the three wings were completed: the one overlooking the gardens, the other facing the early Baroque Orangery. At the point where the Vorbach and the Tauber meet stands a so-called "Wasserburg", a mediaeval castle surrounded by moats. Its donjon has attained a Renaissance roof.

Le château Renaissance de Weikersheim devait être équilatéral. Mais seules les ailes donnant sur le parc et sur l'orangerie baroque primaire ont été terminées. A l'embouchure du Vorbach et de la Tauber, le donjon de la forteresse du Moyen-Age entourée d'eau est coiffé d'un dôme à bulbes superposés.

Magneten gleich ziehen die im Viertelkreis gezirkelten Arkadenbauten vor dem Weikersheimer Schloss die Energien des Marktplatzes an sich. Der giebelständige Bau mit den Dachluken, das alte Kornhaus, links im Bild, dient als Tauberländer Dorfmuseum.

The arcades, in the shape of quarter circles, in front of Weikersheim Castle attract energy from the market square to themselves like a magnet. The construction with its skylights, to the left of the picture, is the old granary, which now houses the Tauberland Village Museum.

Comme des aimants, les édifices à arcades disposés en arcs de cercle devant le château de Weikersheim attirent vers elles les énergies de la place du Marché. L'ancien grenier à grains – le bâtiment à pignon avec les lucarnes, à gauche sur la photo – abrite l'Ecomusée de la région de la Tauber.

Trakehner tummeln
sich auf Burg
Neuhaus zwischen
Bad Mergentheim
und Igersheim.

Trakehners prance
about at Castle
Neuhaus between
Bad Mergentheim
and Igersheim.

Des chevaux Trakehner
s'ébattent au château
de Neuhaus entre
Bad Mergentheim et
Igersheim.

Der originale Zustand des frühbarocken Weikersheimer Hofgartens wurde annähernd wiederhergestellt. Unter den Gartenskulpturen der Künstlerfamilie Sommer ist die Gnomengalerie bekannt, der satirisch in Stein gehauene Hofstaat der Duodez-Residenz.

The court gardens of the early Baroque Weikersheim Castle have practically been returned to their original state. Well known amongst the garden sculptures of the artist family Sommer is their gnome gallery, a satirical stony depiction of the court at this duodecimo residence.

Le parc baroque du château de Weikersheim a été réaménagé presque tel qu'il était à l'origine. Parmi les sculptures de jardin de la famille d'artistes Sommer se trouve la célèbre Galerie des Gnomes. Elle représente de manière satirique les personnes de la cour de cet état minuscule.

Burg Neuhaus war gleichsam die Zitadelle der Hochmeisterresidenz Mergentheim, also Geschützfestung, Zeughaus, Archiv, Schatzkammer und Verließ des Deutschen Ordens.

Castle Neuhaus was also the citadel of the Hochmeister residence of Mergentheim, thus it had fortifications, an armoury, archives, a treasure-house and a dungeon, all of which belonged to the German Order.

Le château de Neuhaus était en quelque sorte la citadelle de la résidence des grands maîtres de l'Ordre Teutonique de Mergentheim, puisqu'à la fois fort d'artillerie, arsenal, archive, trésor et geôle.

Nicht nur Pilze, auch Gräser neigen anscheinend dazu, Hexenringe zu bilden, wie hier bei Igersheim an der Tauber.

Apparently not only mushrooms but also grasses tend to form magic circles, as is evident here on the Tauber, near Igersheim.

Non seulement les champignons mais aussi les graminées semblent former des ronds de sorcière, comme ici près d'Igersheim sur les bords de la Tauber.

Aus einer Wasserburg der Herren von Hohenlohe entstand 1219 die Kommende Mergentheim des Deutschen Ordens. Im Schloss hat man jetzt mit Staatshilfe das einzigartige Deutschordensmuseum aufgebaut. Die Trakte um den äußeren Schlosshof, ursprünglich meist wirtschaftlich genutzt, dienen heute als Behördensitz.

The commandry of Mergentheim, belonging to the German Order, arose in 1219 from a castle surrounded by moats, owned by the lords of Hohenlohe. With government aid the unique Museum of the German Order has been established here in the castle. Originally mainly outhouses, today the tracts around the outer castle courtyard contain administrative offices.

D'une forteresse entourée d'eau appartenant aux seigneurs d'Hohenlohe est née Mergentheim, une commende de l'Ordre Teutonique. Un très exceptionnel Musée de l'Ordre Teutonique a été aménagé dans le château avec des fonds publics. En bordure de la cour extérieure, les anciens communs abritent aujourd'hui des administrations.

Das Mergentheimer Rathaus ist ein kantiger Steinbau von 1564. Der Marktplatz macht seinem Namen noch Ehre. Hinter den frühklassizistischen Zwillingshäusern ragt das im Kern spätromanische Münster Sankt Johannes auf.

Mergentheim's town hall is an angular stone building, constructed in 1564. The market square lives up to its name. The Minster of Sankt Johannes, which is essentially late Romanesque, rises behind a twin pair of buildings of the early classical style.

L'Hôtel de Ville de Mergentheim (1564) est un bâtiment de pierre aux arêtes anguleuses. La place du Marché porte toujours et encore bien son nom. Derrière les maisons géminées de style néo-classique s'élève l'église style roman tardif de Sankt Johannes.

Im Westen der Badestadt liegt das Caritas-Krankenhaus. Seine Anfänge gründeten in der Wehrmachtskaserne der 1930er-Jahre. Heute ist das Caritas-Krankenhaus der größte Arbeitgeber der Großen Kreisstadt Bad Mergentheim.

The Caritas hospital lies in the western part of the spa town. Its beginnings go back to the old military barracks of the 1930s. Today it is the largest employer in the main district town of Bad Mergentheim.

La clinique de l'association Caritas se trouvait au départ dans une caserne de la Wehrmacht datant des années 30. Elle est maintenant située à l'ouest de la ville thermale et est aujourd'hui le plus grand employeur du chef-lieu du Kreis Bad Mergentheim.

Die Stuppacher Kirche bei Bad Mergentheim birgt in ihrem hellen Kapellenanbau Grünewalds Madonna im Garten, 1519 als Mittelstück eines Marienaltars für die Aschaffenburger Stiftskirche gemalt.

In its bright chapel extension, the Stuppach church near Bad Mergentheim shelters Grünewald's "Madonna in the Garden", which was painted for the Aschaffenburg collegiate church in 1519, as the middle section of an altar of the Virgin Mary.

L'église de Stuppach, près de Bad Mergentheim, abrite dans sa chapelle blanche la « Madone au Jardin » de Grünewald, peinte en 1519 pour la partie centrale d'un retable de la vierge de l'église collégiale d'Aschaffenburg.

1978 begann der Kampf vieler Bauern gegen die geplante Teststrecke des damaligen Daimler-Benz-Konzerns bei Boxberg. Gegen Politik und Wirtschaft setzten sich die Streckengegner 1987 durch. Ohne Widerstand konnte dagegen ein anderer Stuttgarter Konzern dann dieses bescheidenere Testgelände anlegen.

In 1978, a great number of farmers opposed plans of the former Daimler-Benz company to set up a test track near Boxberg. Their struggle against both politicians and industry was successful in 1987. However, another Stuttgart company met with no resistance whatsoever when it built this more modest version.

En 1978, de nombreux paysans se mobilisèrent contre le projet de l'entreprise Daimler-Benz de construire un circuit d'essai près de Boxberg. Les adversaires du circuit gagnèrent leur combat contre les hommes politiques et les représentants de l'industrie. Par contre, une autre firme de Stuttgart réussit à implanter ce circuit plus modeste sans rencontrer d'opposition.

Der Boxberger Testparcour bedeckt eine Fläche von 80 Hektar, 25 davon betoniert und asphaltiert.

The Boxberg test track covers an area of 80 hectares, 25 of which are reinforced with concrete and paved with asphalt.

Le circuit d'essai de Boxberg couvre une surface de 80 hectares dont 25 sont bétonnés ou bitumés.

Lauda war ein altfränkisches Winzerstädtchen, ehe es mit dem Bau der Eisenbahn sein Gesicht wandelte. Um den Umsteigebahnhof mit Bahnbetriebswerk, hier nicht im Bild, entstanden normierte Neubauten für die vielen zugezogenen Eisenbahner. Im Hintergrund der Gerlachsheimer Herrenberg mit seinen Rebgewannen.

Lauda was a little, old Franconian wine-growing town, until the advent of the railway signalled a change: Around the mainline junction with its railway works, not visible here in the picture, there arose new standardised buildings to house the many railway employees who had moved here. In the background stands the Gerlachsheim Herrenberg with its vineyards.

Avant de changer de visage suite à l'arrivée du chemin de fer, Lauda était une petite bourgade viticole de Franconie. Autour de la gare de changement et son dépôt de locomotives (non visible sur la photo) s'ajoutèrent des cités de cheminots. A l'arrière-plan, les vignes de l'Herrenberg à Gerlachsheim.

Wie ein Zwergenhäusle mutet die Pumpstation in der Tauberaue bei Lauda an. Rechts unten ein Stück des stark frequentierten Radwanderweges zwischen Rothenburg und Wertheim.

The pumping station in the Tauber river plains near Lauda resembles a little dwarf's house. Below, to the right, is a stretch of the busy cycle path running between Rothenburg and Wertheim.

Cette station de pompage de la vallée de la Tauber, près de Lauda, ressemble à une maison de nain. En bas à droite, un circuit de randonnée cycliste très fréquenté, entre Rothenburg et Wertheim.

Die Zwillingstürme und die laternenbekrönte Vierungskuppel der Gerlachsheimer Klosterkirche im Tal der Grünbach. Die Kirche gilt als der anmutigste Sakralbau des tauberfränkischen Barock und Rokoko. Das ehemalige Kloster des Prämonstratenserordens dient jetzt als Altenheim.

The twin towers and the lantern crowned crossing in the Gerlachsheim monastic church in the Grünbach Valley. This construction is regarded as the most graceful of all the church architecture to have been built in the Baroque and rococo styles of the Tauber-Franconian region. The former monastery of the Premonstratensian order today serves as a senior citizens' home.

A Gerlachsheim, dans la vallée de la Grünbach, la coupole de la croisée de transept - couronnée d'un lanternon - et les tours géminées de l'abbatiale. L'église est considérée comme le plus charmant édifice sacré du baroque et du rococo franconien de la Tauber. L'ancienne abbaye des Prémontrés sert aujourd'hui de maison de retraite.

Aus grauem Mauerkragen schaut die Sigismundkapelle bei Oberwittighausen. Wie im nachbarlichen Grünsfeldhausen sollte der achteckige Zentralbau der Kreuzzugszeit an die Heiliggrabkirche in Jerusalem erinnern.

The Sigismund chapel near Oberwittighausen peers out of its stony grey collar. As in the neighbouring village of Grünsfeldhausen, the octagonal shape of the main building, dating back to the time of the crusades, is intended to bring to mind the Church of the Holy Sepulchre in Jerusalem.

La Sigismundkapelle non loin d'Oberwittighausen et son collier de murs gris. Comme dans le village voisin de Grünsfeldhausen, l'édifice de plan central octogonal datant de l'époque des croisades devait évoquer l'église du Saint-Sépulcre de Jérusalem.

In Grünsfeldhausen bestimmt das oktogonale Bauprinzip dreifach Schiff, Chor und minarettartigen Glockenturm von Sankt Achatius.

In Grünsfeldhausen the octagonal architectural principle dominates threefold the nave, quire and minaret-like belfry of Sankt Achatius.

À Sankt Achatius de Grünsfeldhausen, le principe de l'octogone fut utilisé à trois reprises : pour la nef, le chœur et le clocher qui ressemble à un minaret.

Tauberbischofsheim ist die Kapitale des Main-Tauber-Kreises. Das ovale Rund der Altstadt zeichnet sich noch deutlich ab. Ihr Name geht auf Bonifatius zurück, der hier um 735 ein Frauenkloster gründete.

Tauberbischofsheim is the capital of the Main-Tauber district. The oval shape of the old town is still clearly visible. Its name dates back to Bonifatius, who founded a nunnery here around 735.

Tauberbischofsheim est le chef-lieu du Main-Tauber-Kreis. Le tracé ovale de la vieille ville est toujours bien visible. Son nom vient de l'évêque Boniface qui, vers 735, fonda ici un couvent de femmes.

1237 kam Tauberbischofsheim ans Erzstift Mainz, das eine Wasserburg, das heutige Schloss, errichtete. Dem Türmersturm sagte man spaßhaft den Umfang eines städtischen Ratsherrn nach. Heute ist hier das Tauberfränkische Landschaftsmuseum zuhaus.

In 1237, Tauberbischofsheim fell to the archbishop of Mainz, who erected the present-day castle here. The people of the town jokingly called it Türmer's Tower, referring to the girth of a certain town councillor. Today the building is the home of the Tauberfranken Regional Museum.

En 1237, Tauberbischofsheim devint propriété de l'archevêché de Mainz qui y érigea une forteresse entourée d'eau, le château actuel. La plaisanterie courait que la tour de guet (Türmersturm) avait la stature d'un conseiller municipal. Elle abrite aujourd'hui l'Ecomusée de la Franconie de la Tauber.

Liebevoll bepflanzt und gehegt sind die Gräber auf dem Friedhof von Tauberbischofsheim.

Loving hands plant flowers and tend to the graves in the Tauberbischofsheim cemetery.

Les tombes du cimetière de Tauberbischofsheim sont entretenues avec amour et agrémentées de plantes.

Die Kreuzung der alten und neuen Bundesstraße 290 zwischen Tauberbischofsheim und Lauda wurde teilweise aus dem Wellenkalk gesprengt.

The intersection of the old and the new trunk road (B290) between Tauberbischofsheim and Lauda was partly blasted out of the wellenkalk.

Le croisement de l'ancienne et de la nouvelle Bundestrasse 290 entre Tauberbischofsheim et Lauda a été en partie tracé à la dynamite dans le calcaire.

Die schlossartig stattliche, einsam gelegene Eulschirbenmühle ist schon seit 1245 urkundlich bezeugt. In dem Namen steckt das Wort »Ul« für latinisch »ulla«, »Topf«. Ein kleines Elektrizitätswerk, links im Bild, nutzt die Wasserkraft des von einem Wehr gestauten Flusses.

The Eulschirbenmühle stands solitary, like a stately castle and first appeared in official documents way back in 1245. In its name is the word "ul", which derives from the Latin term "ulla" which means "pot". A little hydroelectric power station, to the left in the picture, harnesses the energy of the water from the dammed up river.

L'Eulschirbemühle est un moulin isolé ayant la belle apparence d'un château. Son nom, dans lequel « Ul » – du latin « ulla » - signifie « pot », est mentionné pour la première fois dans un document de 1245. A gauche, une petite centrale hydraulique qui utilise la force motrice du barrage de la rivière.

Die Mitte des zwölften Jahrhunderts gestiftete Zisterze Bronnbach am Unterlauf der Tauber ist ein Kulturdenkmal von Rang. Der Main-Tauber-Kreis hat die weitläufige Anlage als Bildungsstätte neuer Nutzung zugeführt. Der Kreuzgang wies um 1230 schon Glasfenster auf.

Founded in the middle of the 12th century, the Cistercian Bronnbach, which is situated on the lower course of the Tauber, is a cultural monument of standing. The Main-Tauber district has found a new function for the extensive premises, turning it into an educational establishment. The cloister already had glass windows as far back as 1230.

Bronnach, abbaye cistercienne fondée au milieu du 12e siècle le long du cours inférieur de la Tauber, est un important monument historique. Le Main-Tauber-Kreis a décidé d'utiliser ces vastes bâtiments comme centre de formation. Dès 1230, le cloître possédait déjà des vitraux.

Die ehemals für den Weinbau terrassierten sonnseitigen Tauberhänge hat sich die Natur hier bei Waldenhausen längst zurückgeholt. Im Hintergrund rechts Wertheim mit der Spessartbrücke über den Main, links auf der Höhe die neue Siedlung Wartberg.

Here, near Waldenhausen, nature has long since reclaimed the sunny slopes of the Tauber, which were formerly clad with terraced vineyards. In the background, to the right, lies Wertheim and the Spessart bridge over the Main; up on high to the left, the new Wartberg housing estates.

Près de Waldenhausen, la nature a depuis longtemps repris ses droits sur les coteaux ensoleillés de la Tauber, autrefois aménagés en terrasses pour la vigne. Au fond à droite, Wertheim et le pont sur le Main (Spessartbrücke) ; à gauche sur la hauteur, le nouveau quartier de Wartberg.

Um Reicholzheim hat sich der Weinbau auf den Terrassen des Buntsandsteins inselartig erhalten. Das Zisterzienserkloster Bronnbach mit seinen Wirtschaftshöfen war für die Umgebung eine Art Hohe Schule für Ackerbau, Fischzucht, Viehhaltung und Rebkultur.

Around Reicholzheim vineyards still exist on terraces of mottled sandstone, like islands in the landscape. The Cistercian monastery Bronnbach with its farming estates was exemplary for tillage, fish farming, livestock farming and winegrowing for its surroundings.

Autour de Reicholzheim, les vignobles en terrasse qui subsistent forment comme de petits îlots sur le grès rouge. L'abbaye cistercienne de Bronnbach et ses fermes jouaient dans la région le rôle d'école supérieure d'agriculture, d'élevage, de pisciculture et de viticulture.

Wertheim, die hochwasserbedrohte Stadt auf dem Wört, der Landzunge zwischen Tauber und Main, wird von der sandsteinroten Ruine der Grafenburg bekrönt. Neben der gotischen Stiftskirche sind das Grafschaftsmuseum und das Glasmuseum sehenswert.

Situated on the Wört, on a tongue between the Tauber and the Main, Wertheim is crowned by the red sandstone ruins of the Grafenburg. The Gothic collegiate church, here, as well as the County Museum and the Glass Museum are well worth visiting.

Située sur la Wört, Wertheim vit sous la menace des inondations. Cette langue de terre entre la Tauber et le Main est couronnée par la ruine de grès rouge du Grafenburg. A côté de l'église collégiale gothique, deux musées valent un détour: le Musée du comté et le Musée du verre.

Die Wertheimer waren wegen ihrer engen Gemarkung und vorteilhaften Wasserlage früh schon auf Fischerei, Schifffahrt, Handel und Gewerbe angewiesen. Die Fachwerkbauten mit ihren Hausmarken und Inschriften sprechen für den damaligen Wohlstand.

Due to their narrow town limits and advantageous location on the river, the people of Wertheim have been dependent on fishing, shipping, trade and commerce from early on. The half-timbered buildings with their special markings and inscriptions are evidence of the town's past prosperity.

Du fait de l'étroitesse de leur territoire et de leur situation privilégiée au bord de l'eau, les habitants de Wertheim se sont tout naturellement tournés vers la pêche, la batellerie, le commerce et l'artisanat. Les bâtiments à colombages avec leurs blasons et inscriptions témoignent de la prospérité de l'époque.

Ausflugsschiffe wechseln sich auf der Wasserstraße des Mains mit Lastkähnen, Containerschiffen und Sportbooten ab.

On the Main waterway you will find pleasure steamers as well as barges, container ships and sports boats.

Sur la voie fluviale que constitue le Main se succèdent bateaux d'excursion, péniches, porte-containers et embarcations de loisirs.

Dank seiner Glasindustrie, die medizinisch-technische Artikel herstellt, besitzt Wertheim den einzigen Mainhafen Baden-Württembergs. 1967 wurde er im flussabwärts gelegenen Teilort Bestenheid eröffnet.

Thanks to its glass industry, which manufactures medical and technical articles, Baden-Württemberg's only main river port is to be found in Wertheim. It was opened down the river in Wertheim-Bestenheid in 1967.

Grâce à son industrie du verre – qui fabrique des fournitures techniques pour la médecine – Wertheim possède le seul port sur le Main de tout le Bade-Wurtemberg, aménagé en 1967 à Bestenheid, une commune associée située en aval.

Trotz der Kanalisierung mit all ihren Staustufen wirkt der Main mit seiner Ufervegetation und seinen Buhnen noch als naturnaher Fluss. Das zieht die Wassersportler an.

Despite canalisation with all its many sluices, the Main still appears to be a natural river due to its dams and the rich vegetation along its banks. And it is this that attracts water-sports fans to the river.

Bien que canalisé et présentant de multiples étages de retenue, le Main ressemble encore – à la grande joie des amateurs de sports nautiques – à un fleuve naturel avec des berges verdoyantes et des épis.

2003 eröffnete am Almosenberg bei Bettingen am Main das erste Factory Outlet Center Deutschlands. Die knapp FOC genannte Retortenstadt, halb Walt Disney, halb Friedensreich Hundertwasser, vermittelt den Besuchern eine schillernde Melange von fränkischen Architekturzitaten und Schnäppchen-Kommerz.

In 2003, Germany's first factory outlet centre opened on the Almosenberg near Bettingen, on the Main. Abbreviated to FOC, this artificially produced town—half Walt Disney, half Friedensreich Hundertwasser—offers its visitors a resplendent melange of Franconian architectural quotes and bargain businesses.

Le premier centre de ventes d'usine d'Allemagne a été ouvert en 2003 au pied de l'Almosenberg près de Bettingen ; la ville artificielle qui rappelle en partie Walt Disney, en partie Friedensreich Hundertwasser, offre aux visiteurs un curieux mélange d'emprunts de l'architecture franconienne, et de commerces de produits bon marché.

Wie Spielzeugautos wirken die Blechkarossen auf dem Parkplatz des FOC. Die anglo-amerikanische Investorengruppe hat hier vor allem auf die Nähe der Autobahn Frankfurt–Würzburg gesetzt.

The vehicles in this FOC car park look like tiny toy cars. An Anglo-American investment group has set its bet on its proximity to the Frankfurt–Würzburg motorway.

Sur le parking du centre de vente, les carrosses en tôle font penser à des voitures miniatures. Le groupe d'investisseurs anglo-américains a surtout misé ici sur la proximité de l'autoroute Frankfurt-Würzburg.

Ein Frachtschiff lädt
bei Freudenberg den begehrten roten Mainsand.

Near Freudenberg a freighter takes on a load of Main red sand, which is much in demand.

Près de Freudenberg, une péniche charge le sable rouge du Main, matériau recherché.

Das Fachwerkstädtchen Freudenberg am Mainviereck zeilt zwischen Odenwald und Fluss. Auf der waldumrauschten Burgruine überm Ort finden Freiluftspiele statt. Der Main bildet hier die Grenze zwischen Baden-Württemberg und dem bayrischen Unterfranken.

Lying on the Main, the little town of Freudenberg with its many half-timbered buildings, lies in a line between the Odenwald and the river. Open-air performances take place up in the castle ruins that are situated amidst rustling woods, high above the town. The Main marks the border between Baden-Württemberg and Bavaria's Lower Franconia.

Près du Mainviereck, les maisons à pan de bois de Freudenberg s'alignent entre la forêt (Oden-wald) et la rivière. Dans la ruine du château située dans la forêt surmontant la commune sont organisées des représentations de théâtre de plein air. Le Main forme ici la frontière entre le Bade-Wurtemberg et la Basse-Franconie bavaroise.

Würzburg aus der Vogelschau. Auf dem rebenumgrünten linksmainischen Bergrücken löste eine merowingische Herzogsburg einen Fürstensitz der Keltenzeit ab. 1253 wählten die von Bürgeraufständen bedrohten Fürstbischöfe den Marienberg als Residenz. Heute birgt hier das Mainfränkische Museum die Kunstschätze der Region. Rechtsmainisch zeichnet sich mit dem grünen Saum des Ringparks das Fünfeck der Altstadt ab.

Bird's-eye view of Würzburg. On the green, vine-clad mountain ridge on the left of the Main, a Merovingian duke's castle replaced a princely seat dating back to the days of the Celts. In 1253, the prince bishops, who were under threat due to civil revolts, chose Marienberg as their residential seat. Today, the Main-Franconian Museum here has a collection of art treasures from the region. On the right side of the Main, the pentagonal shape of the old town is clearly distinguishable within the green border of the circular park.

Würzburg vue du ciel. Sur l'arête montagneuse située rive gauche du Main et couverte de vigne, un château ducal mérovingien succéda à un siège princier celte. En 1253, les princes-évêques menacés par le soulèvement des bourgeois choisirent le Marienberg pour résidence. On y trouve aujourd'hui le Musée de la Franconie du Main qui renferme les trésors artistiques de la région. Sur la rive droite du Main, l'ourlet vert du Ringpark dessine le pentagone de la vieille ville.

Ein platanenbeschatteter barocker Kreuzweg mit lebensgroßen Skulpturen führt vom Mainviertel hoch zum Käppele. Die 1749 vollendete Wallfahrtskirche ist ein Spätwerk Balthasar Neumanns. Bis in die Nachkriegsjahre sah man Wallfahrer, die kniefällig den Weg zum Gnadenbild der Schmerzensmutter auf sich nahmen.

In the shade of plane-trees a Baroque way of the cross, accompanied by life-size sculptures, leads up to the Käppele from Würzburg's Mainviertel. Completed in 1749, the church of pilgrimage is a late work of Balthasar Neumann. Right into the post-war years you would see pilgrims dropping to their knees along the way to the miraculous image of the Mother of Sorrow.

A l'ombre des platanes, un chemin de croix baroque bordé de sculptures de la taille d'un homme conduit du quartier du Main au Käppele. L'église du pèlerinage, achevée en 1749, est une œuvre tardive de Balthasar Neumann. Jusque dans les années d'après guerre, on voyait des pèlerins monter à genoux le chemin qui mène à l'image miraculeuse de la Mère de Douleur.

Die Fußstapfen eines Trolls oder Dinosauriers? Nein, die Sandbunker des Würzburger Golfplatzes.

A troll or a dinosaur's footprint? No, the sand bunker at the golf course in Würzburg.

Les empreintes de pieds d'un troll ou d'un dinosaure ? Ni l'un ni l'autre : les bunkers de sable du golf de Würzburg.

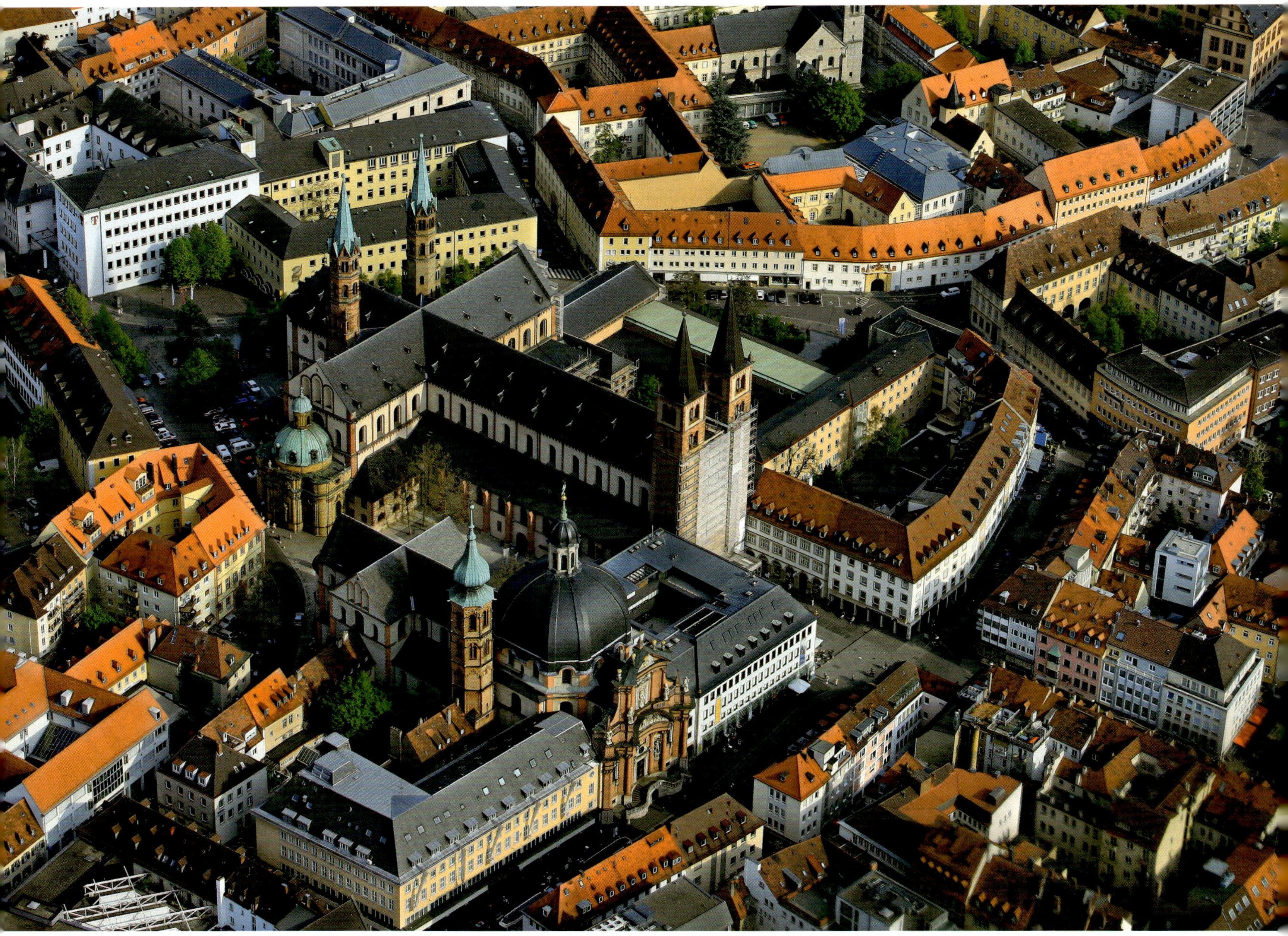

Das geistliche Herz der Bischofsstadt: Das Neumünster unten erstand über der legendären Marterstätte und Gruft des Bistumspatrons Sankt Kilian. In der Bildmitte mündet die Domstraße vor dem Kiliansdom. Rund um die beiden Kirchen reihen sich ehemalige Domherrnpalais.

The spiritual heart of this bishop's town: The Neumünster below arose upon the site of the legendary torture chambers and grave of the bishopric's patron saint, Sankt Kilian. In the middle of the picture the Domstraße opens up in front of Kilian Cathedral. Rows of stately houses formerly belonging to prebendaries surround both churches.

Le cœur spirituel de la ville des évêques : le Neumünster (en bas) fut érigé au-dessus du caveau de Sankt Kilian, sur le lieu légendaire du martyre du saint patron de l'évêché. Au centre de la photo, la Domstrasse mène à la cathédrale (Kiliansdom). Autour des deux églises se côtoient d'anciens palais de chanoines.

Das Rathaus mit dem mittelalterlichen Turmhaus, dem Grafeneckart, steht am Anfang der Domstraße. Der an die Fassade gemalte Baum erinnert an die Tradition der Gerichtslinde. 1733 wurde der Vierröhrenbrunnen vor dem Rathaus eingeweiht.

The town hall with its mediaeval tower, called the Grafeneckart, stands at the beginning of the Domstraße. Situated in front of the town hall, the fountain with its four springs was inaugurated in 1733.

L'Hôtel de Ville avec sa tour moyenâgeuse (Grafeneckart) se trouve à l'entrée de la Domstrasse. L'arbre peint sur la façade rappelle la tradition du tilleul de la justice. En 1733, une fontaine à quatre tubes fut inaugurée devant l'Hôtel de ville.

Als Nachfolgerin einer uralten Furt verbindet die Alte Mainbrücke das linksufrige Mainviertel mit der Altstadt. Die pathetisch-monumentalen zwölf Brückenheiligen in den Kanzeln wurden im 18. Jahrhundert aufgerichtet.

Where there was once an ancient ford, the Old Main Bridge now links the part of town on the left bank of the Main with the old town centre. The twelve pathetic-monumental saints were erected in the 18th century.

Le vieux pont du Main relie le quartier de la rive gauche à la vieille ville. Il se trouve à l'emplacement d'un très ancien gué. Les saints très impressionnants et théâtraux placés sur le pont datent du 18e siècle.

1720 wurde der Grundstein zur Würzburger Residenz, dem schönsten Pfarrhaus Europas, gelegt. Balthasar Neumann wuchs mit dem Bau zu einem der größten Architekten des Barock heran. In der Bombennacht des 16. März 1945 brannte auch die Residenz teilweise aus. Sie wurde restauriert und samt dem Hofgarten von der UNESCO zum Weltkulturerbe erklärt.

In 1720, the foundation stone for the Würzburg Residence, the most beautiful parish building in Europe, was laid. With its construction, Balthasar Neumann grew to become one of the greatest architects of the Baroque. During bombing on the night of 16th March 1945, the Residence was partly destroyed by fire. After undergoing restoration both the building and its palace gardens were declared a UNESCO world cultural heritage.

En 1720, la première pierre de la résidence de Würzburg fut posée, le plus beau presbytère d'Europe. Avec sa construction, Balthasar Neumann devint l'un des plus grands architectes du baroque. Cette résidence brûla en partie dans le bombardement nocturne du 16 mars 1945. Restauré, le bâtiment entouré de son parc fut déclaré patrimoine mondial par l'UNESCO.

Ein Sportfeld der in Würzburg stationierten amerikanischen Truppen

A sports field belonging to the US troops stationed in Würzburg

Terrain de sport des troupes américaines stationnées à Würzburg

Einem Fächer gleicht die Drehscheibe am Würzburger Hauptbahnhof. Dieser hat sich selbst zu einer Drehscheibe des Schienenverkehrs zwischen Nord und Süd, West und Ost entwickelt.

The turntable at Würzburg main station resembles a fan. This has itself developed into a turntable, as it were, for the railway network from north to south and east to west.

Le pont tournant près de la gare centrale de Würzburg fait penser à un éventail. Cette dernière est devenue une plaque tournante des liaisons ferroviaires nord-sud et est-ouest.

1. Auflage 2006

Übersetzung ins Englische:
Hamida Aziz, Tübingen.
Übersetzung ins Französische:
Claudine und Jürgen Bartelheimer, Angers.
Umschlaggestaltung und Karte:
Christoph Wöhler, Tübingen.
Druck: Gulde-Druck, Tübingen.
Printed in Germany.

ISBN-10: 3-87407-708-X
Ab 2007 ISBN-13: 978-3-87407-708-8

Besuchen Sie uns im Internet
und entdecken Sie die
Vielfalt unseres Verlagsprogramms:
www.silberburg.de

Oben:
Vor dem Hauptbahnhof der Universitätsstadt Würzburg trauert seit Jahren der Dreischalenbrunnen mit der Bronzefigur Sankt Kilians trocken vor sich hin. Gestiftet hat ihn 1896 der bayerische Prinzregent Luitpold.

Einbandvorderseite:
Langenburg ob der Jagst wird als das Herz des Hohenloher Landes gerühmt. Vom Schlossgarten aus öffnet sich ein unvergesslicher Blick in das Tal. Seit 23 Generationen residieren die Hohenlohe, die der Kulturlandschaft den Namen gaben, auf dem langgestreckten Muschelkalkrücken.
Einbandrückseite:
Tauberfranken ist eine Landschaft schöner Brücken. Nach der verheerenden Michaeliflut an Main und Tauber anno 1732 baute Balthasar Neumann in Tauberrettersheim diese 85 Meter lange Bogenbrücke. Der steinerne Nepomuk wird spätsommers mit einem Kranz der ersten reifen Weintrauben geschmückt.
Vorderes Vorsatzblatt:
Die fränkische Gäulandschaft wird westlich von Odenwald und Spessart, im Norden von der Rhön und den Hassbergen, gegen Osten von Steigerwald, Frankenhöhe und Crailsheimer Hardt und im Süden von den Keuperbergen des Schwäbisch-Fränkischen Waldes gerahmt. Auf der trockenwarmen, fruchtbaren Ebene regieren noch Saat und Ernte den Kalender.
Seite 1:
Vom Wartberg öffnet sich der schönste Blick auf Heilbronn. 1792 erbaute die Stadt neben der mittelalterlichen Warte ein Wirtschaftsgebäude mit großem Saal, Schauplatz des Weinfestes Heilbronner Herbst. Ab 1954 wurde das Fest auf der Theresienwiese gefeiert, bis das Weindorf rund ums Rathaus 1986 endgültig die Tradition des Heilbronner Herbstes übernahm.
Seite 2:
Hat hier auf dem Gäu bei Giebelstadt ein verliebter Jungbauer seiner Liebsten ein großes Herz in die blühende Wiese geschnitten?

Above:
For years now the three-tiered fountain with its bronze Saint Kilian figure has stood mourning tearlessly in front of the main station of the university town of Würzburg. It was donated by the Bavarian Prince Regent Luitpold in 1896.

Cover:
Situated high above the Jagst, Langenburg is praised as being the very heart of Hohenlohe country. From the castle garden an unforgettable view opens out over the valley. The cultural landscape here carries the name of the Hohenlohe family, who have resided on this elongated Muschelkalk ridge for 23 generations now.
Back cover:
Tauberfranken is a landscape of fine bridges. Balthasar Neumann built this 85-metre-long viaduct in Tauberrettersheim after the devastating floods of 1732 (the so-called Michaeliflut), which involved both the Main and Tauber. During the late summer, the stone Saint Nepomuk statue is crowned with the first of the grapes to ripened.
Front inside cover:
The Franconian landscape is framed to the west by the Odenwald and the Spessart, to the north by the Rhön and the Hassberge, towards the east by the Steigerwald, Frankenhöhe and the Crailsheim Hardt and in the south by the Keuper hills of the Swabian-Franconian Forest. On the dry, warm fertile plains sowing and harvesting still rule the calendar.
Page 1:
The Wartberg offers the finest view of Heilbronn. In 1792, the town built a winegrowers' building next to the mediaeval watchtower here. Today, the wine festival "Heilbronner Herbst" takes place in its large hall. From 1954 onwards, this festival was celebrated on the Theresienwiese until 1986, when the wine village around the town hall finally took over the tradition of the Heilbronner Herbst in 1986.
Page 2:
Was it a perhaps a young love-struck farmer who cut this big heart out of a blossoming meadow in the Gäu near Giebelstadt?

En haut:
Devant la gare centrale de la ville universitaire de Würzburg, une fontaine avec trois bassins et la statue de bronze de Saint Kilian (1896). Donation du régent prince de Bavière, Luitpold, elle est malheureusement à sec.

Couverture:
Langenbrug ob der Jagst est considéré comme le cœur du pays d'Hohenlohe. Du parc du château, on jouit d'une vue inoubliable sur la vallée. Les Hohenlohe – qui ont donné leur nom à ce pays d'art et culture – résident sur cette longue crête de calcaire coquillier depuis 23 générations.
Quatrième de couverture:
La Franconie de la Tauber possède de beaux ponts. Depuis la crue dévastatrice du Main et de la Tauber, à la Saint Michèle de 1723, Balthasar Neumann a construit à Tauberrettersheim ce pont à arches de 85 mètres de longueur. Le Saint Nepomuk en pierre est décoré à la fin de l'été avec une couronne faite des premiers raisins mûrs.
Page de garde avant:
Le paysage du Gäu de la Franconie est limité à l'ouest par l'Odenwald et le Spessart, au nord par la Rhön et les Hassberge, à l'est par le Steigerwald, la Frankenhöhe et la Crailsheimer Hardt, et au sud par les montagnes de keuper de la Forêt souabe-franconienne. Sur ce plateau fertile, chaud et sec, semailles et récoltes rythment le calendrier.
Page 1:
C'est du Wartberg que l'on jouit de la plus belle vue sur Heilbronn. En 1792, la ville construisit à côté de la tour de guet du Moyen-Age une auberge dont la grande salle permettait de célébrer chaque automne la fête du vin d'Heilbronn. A partir de 1954, la fête eut lieu sur la Theresienwiese jusqu'à ce qu'en 1986, le village du vin autour de l'Hôtel de Ville reprenne définitivement la tradition de « l'Automne d'Heilbronn ».
Page 2:
Peut-être un jeune paysan amoureux faucha-t-il ce grand cœur pour sa bien-aimée dans un pré du Gäu non loin de Giebelstadt ?

Flug über Hohenlohe und Tauberfranken

A Flight Over Hohenlohe and Tauberfranken

Survol de la Hohenlohe et Tauberfranken

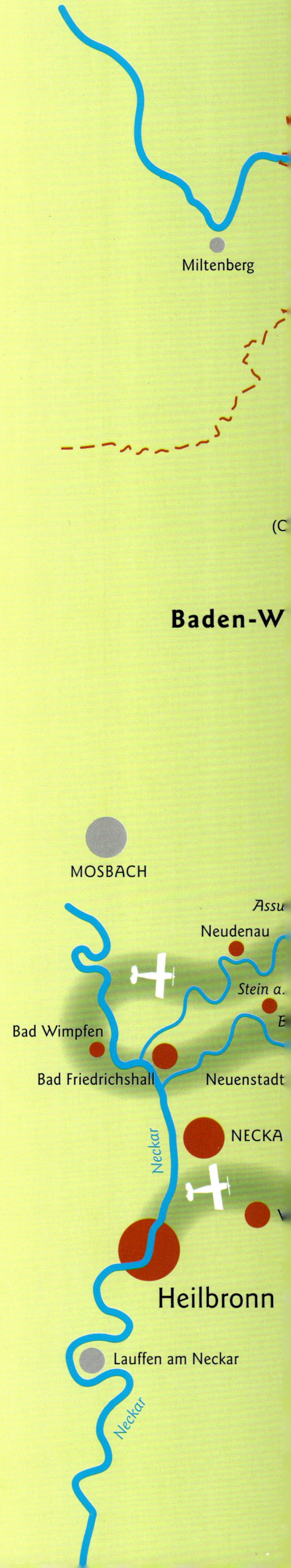